Gennaro Falcone
Tina Zogopoulou

perfetto! 2

Esercizi di grammatica italiana

LIVELLO B1-B2
QCER

ornimi
EDITIONS

Gennaro Falcone, nato a Napoli, si è laureato in Lingue e Letterature straniere a *"L'Orientale di Napoli"*, con indirizzo linguistico-glottodidattico, conseguendo anche un *Master in Didattica dell'Italiano come Lingua non materna*, presso l'*Università per Stranieri di Perugia*. Insegna italiano a stranieri dal 2004. Ha insegnato in Italia (*Università per Stranieri di Perugia*) e all'estero (Brasile, Spagna e Palestina). Ha una grande passione per la creazione di materiale didattico. Nel 2009 è stato pubblicato il suo libro *Lettura in puzzle. Lente d'ingrandimento per leggere e capire i giornali italiani*. Fondatore del sito *L'italiano per te* su cui è disponibile materiale didattico gratuito, messo a disposizione di scuole, insegnanti e studenti. Attualmente lavora a Napoli come insegnante d'italiano a stranieri, presso università ed enti vari, e continua a occuparsi di analisi e creazione di materiale didattico cartaceo, digitale, interattivo e ludico.

Tina Zogopoulou, nata a Zakinthos (Grecia), ha studiato Lingue e Letterature straniere presso l'*Università di Firenze*. In seguito, ha ottenuto una specializzazione per l'insegnamento dell'italiano come lingua straniera presso l'*Università per Stranieri di Perugia*. Ha sviluppato una grande esperienza nell'insegnamento dell'italiano L2/LS, partecipando e collaborando in diversi progetti didattici e glottodidattici con il Prof. Katerin Katerinov. Titolare e direttrice della scuola di lingue straniere 'Perugia'. Ha una grande passione per le lingue. Parla inglese, francese e insegna da diversi anni la lingua turca. Autrice di materiali didattici (grammatiche, eserciziari, corso di lingua italiana per bambini, letture semplificate) nonché coautrice di diversi dizionari. Nel 1989 ha fondato la casa editrice"Perugia", specializzata nella pubblicazione di manuali didattici per la lingua italiana.

Redazione: **Maria Claudia Pierini, Michele Mantouvalos**
Impaginazione e progetto grafico: **ORNIMI Editions**

© 2020 ORNIMI Editions
Prima ristampa: novembre 2021
ISBN: 978-618-84586-8-0

ORNIMI Editions
Lontou 8
10681 Atene
T. +30 210 3300073
www.ornimieditions.com
info@ornimieditions.com

"non fotocopiando un libro aiutiamo tutti coloro che lo creano"

L'Editore è a disposizione degli aventi diritto che non è stato possibile rintracciare e per eventuali omissioni o inesattezze.

Tutti i diritti di traduzione, memorizzazione elettronica, riproduzione e di adattamento parziale o totale, tramite qualsiasi mezzo (digitale o supporti di qualsiasi tipo), di quest'opera, sono riservati in Italia e all'estero.

PREMESSA

Perfetto! è una collana composta da tre volumi. *Un eserciziario di grammatica italiana* adatto a *studenti giovani e adulti*, da usare in *autoapprendimento* o in un corso di lingua italiana in presenza, *pensato e strutturato per accompagnare qualsiasi manuale di lingua*. Il secondo volume, **Perfetto! 2**, copre *i livelli intermedi B1-B2 del Quadro Comune Europeo di Riferimento per le lingue*.

Cominciamo da qui! è una sezione che introduce il secondo volume, **Perfetto! 2**, caratterizzata da **10 test introduttivi**, utili per valutare la propria competenza linguistica, relativa ai livelli precedenti A1-A2, prima di continuare il percorso di apprendimento ed esercitarsi per raggiungere i livelli intermedi B1-B2.

I test introduttivi sono utili agli studenti che hanno cominciato il percorso di apprendimento della lingua italiana con il primo volume, ma soprattutto agli studenti che cominciano a studiare e ad usare la collana Perfetto! dal secondo volume. In ogni caso, *Cominciamo da qui!* mette in condizione lo studente di fare il punto sulla sua competenza linguistica, affinché capisca quali sono le lacune da colmare, prima di procedere e continuare l'apprendimento linguistico con i nuovi argomenti presentati in **Perfetto! 2**.

Struttura e attività

Dopo la sezione introduttiva *Cominciamo da qui!*, **Perfetto! 2** presenta la stessa struttura sviluppata nel primo volume: due parti, ognuna è composta da 13 unità (**26 in totale**), quattro test intermedi e un test finale. Seguono le soluzioni che lo studente potrà controllare in fase di autoapprendimento. Inoltre, online, sul sito della casa editrice, sono disponibili le tabelle grammaticali da consultare in fase di analisi e di esercitazione, per risolvere eventuali dubbi linguistici e scoprire le regole relative ai vari argomenti trattati.

Come il primo volume, anche **Perfetto! 2** presenta, oltre a diversi e semplici esercizi, molte attività in cui si sviluppa un approccio analitico che accompagna gradualmente la comprensione linguistica e l'acquisizione delle regole e degli usi della lingua italiana. Si vedano alcuni esempi indicati di seguito:

- attività in cui vengono descritte o presentate diverse situazioni, focalizzando l'attenzione sul significato, per stimolare l'utilizzo di una determinata forma linguistica (Forma impersonale, attività C, pag. 23; Preposizioni semplici e articolate 1, attività F3, pag. 34);

- individuazione dei fenomeni linguistici, trattati all'interno di vari testi, per agevolare l'analisi e familiarizzare con le forme e gli usi (Pronomi combinati, attività A, pag. 62; Congiuntivo Presente irregolare, attività C, pag. 80);

- attività in cui si parte dagli input offerti dai testi e dalle attività per riprodurre oralmente le forme e le strutture presentate (Forma impersonale, attività D, pag. 24; Preposizioni semplici e articolate, Preposizioni semplici e articolate 1 attività D, pag. 32);

- attività in cui si focalizza l'attenzione non solo sulle forme linguistiche, ma anche sul lessico con il supporto delle immagini (Forma Impersonale, attività A, pag. 22; Il Superlativo relativo, attività B, pag. 40);

- attività in cui il fenomeno grammaticale viene trattato e presentato attraverso attività di comprensione su testi e argomenti culturali vari (Il Superlativo relativo, attività B2, pag. 41; I pronomi relativi, attività H1-2, pag. 77-78; Passato Remoto, attività G, pag. 100; Periodo ipotetico, B II tipo, attività 4 pag. 114).

Questi sono solo alcuni esempi della varietà di attività offerta da **Perfetto! 2** che, accompagnata alla varietà di tecniche adottate, rende il tutto più stimolante e accattivante, grazie anche all'approccio ludico sviluppato in alcuni casi. Inoltre, la semplicità delle consegne che introducono ogni attività agevola e rende più scorrevole l'apprendimento e l'acquisizione dei vari argomenti linguistici presentati e trattati. *La presenza delle attività su descritte ha come scopo quello di rendere indipendente lo studente nel percorso di apprendimento della lingua italiana, anche al di fuori del contesto più formale e accademico: lo studente imparerà ad osservare la lingua viva, ad analizzare e a scoprire anche da solo le forme, gli usi e le funzioni particolari dell'italiano quotidiano.*

Testi e cultura generale

In **Perfetto!** l'apprendimento linguistico va in parallelo con l'apprendimento degli aspetti culturali, grazie all'utilizzo di testi che presentano diversi e variegati argomenti di cultura generale, sulla Storia d'Italia e sulla società moderna. Nel secondo volume, vengono presentati i seguenti argomenti attraverso diverse tipologie testuali: le feste in Italia (testi descrittivi e informativi sulle feste tradizionali e tipiche dell'Italia); viaggio, turismo e lavoro (blog e articoli); cronaca (articoli di giornale); letteratura (trame, citazioni da romanzi, biografie e favole); cucina (ricette e testi informativi); cinema (trame di film); barzellette; Storia d'Italia (testi informativi sul Miracolo economico italiano, Rinascimento, Neorealismo…); la società di oggi (psicologia, educazione, lingua…); testi creati ad hoc in cui si sviluppano storie divertenti e ironiche.

Questi e tanti altri sono gli argomenti e le tipologie testuali sviluppate in **Perfetto! 2**, per motivare gli studenti e sviluppare una competenza linguistico-culturale di livello intermedio B1-B2.

Conclusioni

Perfetto! è una collana di tre eserciziari adatta a chi vuole imparare da solo in autoapprendimento e a chi già frequenta un corso di lingua, usando qualsiasi tipo di manuale che sviluppi i descrittori indicati dal QCER. Inoltre, *molte attività sono strutturate tenendo conto anche delle tipologie testuali e delle tecniche presenti nelle certificazioni ufficiali*. Un percorso semplice da seguire, segnato dalle varie parti che lo compongono e dalle varie attività che lo caratterizzano, *in grado di sviluppare un'ottima competenza linguistica ed una buona conoscenza culturale, utili per superare e ottenere le diverse certificazioni linguistiche: Celi, Cils, Plida…* .

Gli autori ringraziano la preziosa collaborazione e disponibilità del collega Michele Mantouvalos, per la ricerca del materiale e per il contributo dato nell'elaborazione di alcune attività.

Cominciamo da qui!

- Articoli, verbi essere e avere ... 10
- Nomi e aggettivi ... 11
- Presente Indicativo ... 12
- Preposizioni semplici e articolate ... 13
- Dimostrativi e Possessivi ... 14
- Ci e Ne ... 15
- Pronomi diretti e indiretti ... 16
- Passato prossimo e Imperfetto ... 17
- Futuro e Condizionale ... 18
- Imperativo diretto ... 19

Prima parte

1. Forma impersonale ... 22
2. I verbi servili al passato ... 26
3. Preposizioni semplici e articolate 1 ... 30
Test 1 (1-3) ... **36**
4. Superlativi e comparativi ... 40
5. Trapassato prossimo ... 43
6. Pronomi e verbi pronominali 1 ... 46
Test 2 (4-6) ... **50**
7. Imperativo indiretto (Lei) ... 54
8. Condizionale composto ... 58
9. Pronomi combinati ... 62
Test 3 (6-9) ... **66**

INDICE

10. Futuro semplice e Futuro anteriore 70
11. Pronomi relativi 1 74
12. Congiuntivo presente e passato 79
13. Verbi pronominali 2 84
Test 4 (10-13) 88
Test finale 92

Seconda parte

14. Passato remoto 98
15. I tempi dell'Indicativo 101
16. Congiuntivo imperfetto 105
Test 1 (14-16) 108
17. Periodo ipotetico (I e II tipo) 112
18. Congiuntivo trapassato 115
19. Preposizioni semplici e articolate 2 117
Test 2 (17-19) 122
20. Periodo ipotetico (III tipo) 126
21. Verbi pronominali ed espressioni idiomatiche 129
22. Discorso diretto e indiretto 131
Test 3 (20-22) 134
23. Pronomi relativi 2 138
24. Forma passiva 140
25. Concordanza Congiuntivo 144
26. Gerundio 148
Test 4 (23-26) 152
Test finale 156
Chiavi / Fonti 161

perfetto! 2

COMINCIAMO DA QUI!

Cominciamo da qui

● **Articoli, verbi essere e avere**

Leggi le frasi e indica le parole corrette.

1. Luca parla bene _____ francese e Marta, la sua ragazza, conosce molto bene _____ spagnolo.
   a. il / la   b. il / lo   c. lo / il

2. Stefano fa _____ avvocato, invece Paolo, mio marito, _____ ingegnere.
   a. è / l'   b. lo / ha   c. l' / è

3. Nel mio appartamento ci sono _____ cucina, _____ bagno, _____ camera da letto e c'è anche _____ studio.
   a. una / un / una / uno   b. un / uno / una / un   c. una / un / una / un'

4. _____ bambini stanno mangiando _____ gelato in giardino.
   a. un / i   b. i / un   c. i / uno

5. _____ fame, mangio _____ pezzo di pizza con te.
   a. un / ho   b. è / uno   c. ho / un

6. Claudia _____ felice, perché oggi cominciano _____ vacanze.
   a. è / le   b. le / è   c. ha / le

7. _____ amici di Claudia lavorano in _____ agenzia di viaggi molto famosa.
   a. un' / gli   b. I / una   c. gli / un'

8. _____ università dove studio _____ nel centro storico.
   a. un'/l'   b. l'/è   c. la/c'è

9. Io e Mary _____ due bambini: _____ femmina di sette anni e _____ maschio di cinque.
   a. siamo / una / un   b. un / abbiamo / una   c. abbiamo / una / un

10. Claudia e suo marito _____ molto alti e _____ un corpo da modelli.
    a. sono / hanno   b. hanno / sono   c. siete / avete

Tot. _____ /10

Attenzione! -6 punti ripassa le unità 2-3-5 di *Perfetto! 1*

10 dieci

Test introduttivo

● **Nomi e aggettivi**

Leggi le frasi e indica i nomi e gli aggettivi corretti.

1. Mio cognato è un _____ _____.
   a. bravi avvocato   b. bravo avvocato   c. brava avvocato

2. Da bambina avevo i capelli _____ e portavo sempre un cappello _____.
   a. corti / rosa   b. corte / rossa   c. corta / rosa

3. Le _____ troppo _____ non mi piacciono.
   a. cittè / grande   b. città / grandi   c. cittò / granda

4. Mia _____ ha sposato un _____.
   a. sorelle / norvegesi   b. fratella / norvegese   c. sorella / norvegese

5. I miei _____ si sono conosciuti a Barcellona, durante una _____ dell'università.
   a. genitore / feste   b. genitori / festa   c. genitori / festi

6. Questo libro è davvero molto _____, ma è _____. Non trovi?
   a. cara / interessante   b. caro / interessanto   c. caro / interessante

7. A _____ prendo sempre un cappuccino e un _____.
   a. pranzo / cornetto   b. colazione / cornetto   c. cena / vino

8. Noi prendiamo due _____, un caffè e un _____ d'arancia.
   a. cornetti / succo   b. succhi / cornetto   c. spaghetti / cappuccino

9. Le _____ in fondo alla classe sono un po' _____.
   a. studentessa / pigra   b. studenta / pigre   c. studentesse / pigre

10. I _____ che hai visitato sono molto _____.
    a. paese / pericolosi   b. paesi / pericolosi   c. paesa / pericolosa

Tot. _____ /10

Attenzione! -6 punti ripassa l'unità 4 di *Perfetto! 1*

Cominciamo da qui

● **Presente Indicativo**

Leggi le frasi e indica i verbi corretti.

1. Quando mi _____, la mattina, _____ sempre un forte mal di testa. Perché?
   a. alzi / hai
   b. alzo / ho
   c. alza / ha

2. Che cosa _____ stasera? Ti _____ di andare a prendere un aperitivo?
   a. fa / va
   b. fai / vai
   c. facciamo / va

3. Di solito non _____ mai il fine settimana. _____ spesso a casa e invitiamo i nostri amici.
   a. usciamo / rimaniamo
   b. escono / rimangono
   c. rimaniamo / usciamo

4. Claudia e Giulio _____ bene l'inglese, perché _____ a Boston da molti anni.
   a. parlano / vivono
   b. discutono / abitano
   c. parlono / vivano

5. Mio fratello _____ stasera con il treno delle 20:00 e _____ a Roma alle 21:30.
   a. parta / arriva
   b. parte / arrive
   c. parte / arriva

6. Come _____ i bambini di Giulia? _____ ancora l'influenza?
   a. sono / avete
   b. stanno / hanno
   c. vanno / stanno

7. Io e Claudio _____ preparare anche noi qualcosa, per la festa di questo fine settimana. _____ portare qualche dolce?
   a. volete / potete
   b. vogliono / possono
   c. vogliamo / possiamo

8. Stamattina non _____ andare a lavorare e quindi _____ alzarmi un po' più tardi.
   a. devo / posso
   b. vuole / voglio
   c. puoi / devo

9. Quando andiamo al mare, io _____ stare sotto l'ombrellone a leggere un bel libro, invece i miei amici _____ stare in acqua a nuotare.
   a. preferisci / preferiscono
   b. preferite / preferisco
   c. preferisco / preferiscono

10. Mi scusi, mi _____ dare un'informazione, per favore? _____ dov'è il ristorante Trinacria?
    a. può / sa
    b. puoi / sai
    c. può / sape

Tot. _____ /10

Attenzione! -6 punti ripassa le unità 7 e 10 di *Perfetto! 1*

Test introduttivo

● **Preposizioni semplici e articolate**

Leggi le frasi e indica le preposizioni corrette.

1. _____ dove sono i tuoi amici? Per caso vengono _____ Argentina?
   a. da / dell' b. di / dall' c. de / dal

2. Ieri, Gennaro è partito _____ la Palestina. Ha preso un treno _____ Napoli _____ Roma e poi è andato all'aeroporto di Fiumicino e ha preso l'aereo _____ 14:00.
   a. di / a / da / alle b. a / per / da / delle c. per / da / per / delle

3. Se ti fa davvero male questo molare, perché non vai _____ dentista? Ti accompagno io _____ macchina?
   a. dal / in b. da / in c. al / con

4. Il prossimo sabato andiamo tutti _____ parco, _____ bicicletta.
   a. al / in b. a / con c. in / di

5. _____ villa comunale stasera c'è uno spettacolo teatrale. Se venite prima _____ noi, lasciate qui la macchina e poi andiamo insieme _____ piedi.
   a. a / con / in b. alla / da / a c. in / da / a

6. Le scarpe nuove _____ ballo che hai comprato la settimana scorsa sono _____ pelle?
   a. di / da b. da / per c. da / di

7. Siamo qui _____ Stefano, ad aspettarvi _____ più di un'ora. Se non venite _____ dieci minuti, andiamo via.
   a. da / con / tra b. da / da / tra c. per / tra / da

8. E se andiamo _____ una trattoria? Ti va? Andiamo _____ trattoria Da Ciro.
   a. nella / alla b. a / in c. in / alla

9. Questi piatti _____ porcellana sono molto belli. Li hai comprati _____ centro commerciale?
   a. di / al b. al / di c. da / a

10. Andate _____ Svezia? Partite _____ Roma?
    a. da / in b. a / per c. in / da

Tot. _____ /10

Attenzione! -6 punti ripassa le unità 9 e 15 di *Perfetto! 1*

Cominciamo da qui

● **Dimostrativi e Possessivi**

Leggi le frasi e indica i dimostrativi e i possessivi corretti.

1. _____ sono gli occhiali di Vittorio, i miei sono _____ lì, sul tavolino.
   a. quelli / questi   b. questi / quelli   c. quei / quelli

2. _____ posto in terza fila è libero. Ah no scusa, è occupato. Ecco, sì, _____ qui è libero!
   a. quel / questo   b. questo / quel   c. quello / quest'

3. _____ è la statua dell'Imperatore Augusto e _____ sono i Fori Imperiali.
   a. questa / questi   b. questi / questa   c. quella / questo

4. _____ sono i quadri degli Uffizi che preferisco di più. _____ invece è un quadro del Caravaggio, si chiama la Vocazione di San Matteo.
   a. quello / questi   b. quest' / quell'   c. questi / quello

5. _____ ramo del lago di Como che volge a mezzogiorno" è l'inizio di uno dei più famosi romanzi della letteratura italiana. Sai qual è? È _____ qui: I Promessi Sposi.
   a. quest / quello   b. quel / questo   c. quel / questa

6. I _____ nonni paterni vivono negli Stati Uniti da più di cinquant'anni. _____ padre è nato e cresciuto in America e poi è venuto a vivere in Italia, dopo gli studi.
   a. miei / mio   b. mio / miei   c. mie / mia

7. Devi andare a ritirare il _____ diploma a scuola, martedì prossimo. Il _____ invece già l'ho preso.
   a. tuoi / miei   b. tua / mia   c. tuo / mio

8. La _____ macchina la potete lasciare anche qui. Prendiamo la _____.
   a. vostra / mia   b. mio / vostro   c. vostre / mie

Test introduttivo

9. Rispettate la _____ opinione. È un _____ desiderio.
   a. mio / mia   b. miei / mie   c. mia / mio

10. _____ sorella ha lasciato qui con me _____ cuccioli, prima di partire per le vacanze.
    a. la mia / suoi   b. mia / i suoi   c. mia / suoi

Tot. _____/10

Attenzione! -6 punti ripassa le unità 12-13 di *Perfetto! 1*

● **Ci e Ne**

Leggi le frasi e indica la particella corretta: ci oppure ne?

1. Domani è mercoledì e qui vicino c'è il mercato. Se vuoi, _____ possiamo andare insieme.

2. Questa torta è buonissima, _____ vuoi un po' anche tu?

3. Stamattina sono andato dal fruttivendolo e c'erano delle arance buonissime. Che profumo! _____ ho presi due chili.

4. La villa comunale è proprio qui a due passi. _____ puoi andare quando vuoi: tutti i giorni, fino alle 20:00.

5. In questo ristorante vengono molti personaggi dello spettacolo. Una volta _____ siamo stati anche noi. Si mangia molto bene, ma è molto caro.

6. Avevo cinque cuccioli: quattro li ho regalati a degli amici e _____ ho tenuto uno.

7. Se vai al forno a prendere il pane, _____ prendi mezzo chilo anche per me, per favore?

8. La prossima settimana c'è il concerto di Marco Mengoni a Roma. Io _____ vado con altri due miei amici.

9. Sono molto belli questi cappelli. Vorrei prender_____ due: uno per me e un altro per mia madre.

10. Questo parco giochi è frequentato da molti bambini e famiglie del mio quartiere. _____ porto spesso i bambini, il sabato o la domenica.

Tot. _____/10

Attenzione! -6 punti ripassa le unità 16 e 21 di *Perfetto! 1*

quindici 15

Cominciamo da qui

- **Pronomi diretti e indiretti**

    Leggi le frasi e indica il pronome corretto.

    1. Se prendo il caffè dopo le 16:00, la sera non dormo. Quindi _____ bevo solo a colazione.
        a. la   b. lo   c. li

    2. Claudia deve andare all'aeroporto. Chi _____ accompagna?
        a. la   b. lo   c. le

    3. Queste sono le pentole nuove, _____ ho comprate ieri. Ti piacciono?
        a. la   b. lo   c. le

    4. Scusa, ma non ho capito quello che hai detto. Io ascoltavo lei e non _____.
        a. la   b. ti   c. te

    5. Le bottiglie di vino per la cena di stasera _____ ho prese io.
        a. li   b. le   c. la

    6. Claudia non ha il cellulare. _____ puoi prestare il tuo, per fare una telefonata?
        a. la   b. gli   c. le

    7. Ho parlato con i miei genitori e _____ ho detto che tra una settimana ritorno a casa.
        a. le   b. gli   c. ci

    8. Bambini, _____ ho raccontato la storia della tartaruga e della lepre?
        a. ci   b. gli   c. vi

    9. Scusi, _____ sa dire dov'è il teatro San Carlo?
        a. gli   b. ti   c. mi

    10. Scusami, _____ voglio restituire i libri. Eccoli!
        a. ti   b. mi   c. ci

    Tot. _____ /10

    Attenzione! -6 punti ripassa le unità 20 e 24 di *Perfetto! 1*

Test introduttivo

Passato prossimo e Imperfetto

Leggi le frasi e indica il tempo corretto al passato.

1. _____ , mentre _____ la cena.
   a. mi tagliavo / preparavo   b. mi sono tagliato / preparavo   c. mi sono tagliato / ho preparato

2. Ieri, _____ molto caldo e al parco c'_____ molte persone al fresco, sotto gli alberi.
   a. faceva / erano   b. ha fatto / sono state   c. fa / erano

3. Quando _____ in albergo, _____ le valigie in camera e siamo usciti di nuovo.
   a. arrivavamo / lasciavamo   b. siamo arrivati / entravamo   c. siamo arrivati / abbiamo lasciato

4. La settimana scorsa, Claudio e Giulio non _____ alla partita, perché _____ molto stanchi.
   a. sono venuti / erano   b. venivano / erano   c. sono venuti / sono stati

5. Pioveva e non _____ l'ombrello, così _____ in un bar.
   a. avevamo / ci riparavamo   b. avevamo / ci siamo riparati   c. abbiamo avuto / ci siamo riparati

6. Quel giorno ricordo che per strada non c'_____ nessuno e i negozi _____ tutti chiusi.
   a. è stato / sono stati   b. è stato / erano   c. era / erano

7. Stamattina _____ di casa e _____ le chiavi sul tavolo in cucina.
   a. sono uscito / ho dimenticato   b. uscivo / ho dimenticato   c. uscivo / dimenticavo

8. Da bambino _____ i capelli corti e _____ sempre un cappello azzurro.
   a. ho portato / ho messo   b. portavo / ho messo   c. portavo / mettevo

9. Com'è possibile? _____ i soldi che _____ in tasca.
   a. ho perso / avevo   b. perdevo / avevo   c. ho perso / ho avuto

10. La settimana scorsa mi _____ un pacco che _____ da molti giorni.
    a. arrivava / aspettavo   b. è arrivato / ho aspettato   c. è arrivato / aspettavo

Tot. _____ /10

Attenzione! -6 punti ripassa l'unità 27 di *Perfetto! 1*

Cominciamo da qui

● **Futuro e Condizionale**

Leggi le frasi e completa con la forma corretta.

1. Scusa, mi _____ (passerai / passeresti) quella penna, per favore?
2. Secondo il programma di viaggio, _____ (ci fermeremo / ci fermeremmo) due giorni a Madrid.
3. _____ (Potremmo / Potremo) andare al cinema dopo l'aperitivo. Ti va?
4. Secondo me, non _____ (dovrai / dovresti) passare tutto questo tempo al computer. Fa male agli occhi.
5. Hai già pensato a che cosa _____ (farai / faresti), dopo la laurea?
6. (Verresti / Verrai) _____ con me a fare la spesa, per favore, così andiamo in macchina?
7. Paolo ha detto che _____ (verrà / verrebbe) anche lui in ufficio con noi. Quindi dobbiamo passarlo a prendere.
8. Mi _____ (piacerà / piacerebbe) lanciarmi con il paracadute, ma ho un po' paura.
9. Domani partiamo alle 6:00 di mattina e _____ (arriveremmo / arriveremo) a Firenze molto presto.
10. _____ (Sarà / Sarebbe) bello lasciare tutto e cambiare paese, ma non ne ho il coraggio.

Tot. _____ /10

Attenzione! -6 punti ripassa le unità 23 e 25 di *Perfetto! 1*

Test introduttivo

● **Imperativo diretto**

Leggi le frasi e completa gli spazi con l'imperativo.

1. Se non vuoi stare a casa, _____ (vieni / non venire) con noi al cinema.
2. _____ (Prendila / Non la prendere) la macchina! Usciamo a piedi.
3. _____ (Passami / Mi passi) gli occhiali, per favore! Sono lì sul comodino.
4. Giulia, _____ (metti / mette) in ordine la tua stanza, per favore!
5. Ragazze, _____ (chiama / chiamate) il dottor Rossi e ditegli che oggi la riunione non c'è più.
6. Ragazzi, _____ (mettono / mettete) le sedie in ordine nel soggiorno!
7. _____ (Andiamo / Vanno) a vedere la mostra di Modigliani alla Reggia di Caserta?
8. _____ (Guardo / Guarda) io non ho nessuna intenzione di perdere tempo. Devo lavorare.
9. _____ (Non mi fare / Fammi) arrabbiare. Sai benissimo che non voglio che tu ti comporti così.
10. _____ (Non vi preoccupate / Vi non preoccupate), vi chiamo appena il collega rientra in ufficio.

Tot. _____ /10

Attenzione! -6 punti ripassa l'unità 26 di *Perfetto! 1*

perfetto! 2

PRIMA PARTE

1 Forma impersonale

A Per ogni immagine e per ogni frase, trova nel crucipuzzle il verbo corrispondente alla terza persona e completa con la forma impersonale, come mostra l'*esempio*.

 1.
 2.
 3.
 4.

 5.
 6.
 7.
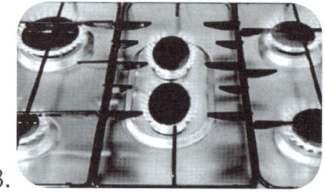 8.

```
C  L  J  G  M  A  N  G  I  A
U  E  J  P  P  A  N  Z  U  B
C  G  G  V  C  R  D  X  E  F
I  G  A  O  O  S  E  K  E  Q
N  E  I  S  N  L  N  G  A  R
A  G  Q  U  P  B  A  L  A  K
R  T  O  Z  G  E  G  G  T  H
I  T  M  J  O  C  T  Q  D  J
A  J  O  G  F  H  N  T  J  L
E  P  D  Z  P  A  T  B  A  K
```

1. In chiesa **si prega**.
2. In piscina _____
3. Allo stadio _____
4. In biblioteca _____
5. In aereo _____
6. Alla stazione _____
7. Al ristorante _____
8. Ai fornelli _____

B Sostituisci la forma personale con la forma impersonale corretta.

1. Ragazzi, non **usciamo** / ___*si esce*___ più.
2. E dopo il film **tutti a dormire** / _____ .
3. Dopo l'allenamento, **ceniamo** / _____ in un ristorante.
4. **Andiamo** / _____ al mare e poi **torniamo** _____ a casa nel pomeriggio.

5. Il fine settimana **escono** /_____ con gli amici e **bevono** /_____.
6. Dopo una settimana di lavoro **partiamo** / _____ e **andiamo** /_____ al lago di Garda.

C Leggi i testi e prova a completare la frase con la forma impersonale adatta, come mostra l'**esempio**. Attenzione alla forma negativa!

> **mangiare** / **bere** / stare / tornare / fumare / viaggiare / lavorare / dormire / mangiare

1. A Napoli **ho mangiato** una pizza buonissima e in Toscana **ho bevuto** dei vini molto rinomati. In qualunque città o regione, c'è qualcosa di tipico da mangiare e da bere.

    In Italia _si beve e si mangia_ bene.

2. Quando siamo in vacanza, stiamo tutto il giorno al mare. A pranzo mangiamo sulla spiaggia e torniamo a casa dopo il tramonto.

    In vacanza, _____ tutto il giorno al mare. _____ sulla spiaggia e _____ a casa, dopo il tramonto.

3. Ragazzi, per favore, spegnete queste sigarette! Siamo in un luogo pubblico.

    In quest'ufficio _____.

4. Questa compagnia aerea è un disastro: siamo partiti tardi, siamo arrivati dopo due ore e ho perso anche le valigie.

    Con questa compagnia aerea _____ malissimo.

5. Arriviamo la mattina alle 7:00, cominciamo subito a lavorare fino alle 14:00, poi abbiamo solo venti minuti di pausa. Non possiamo uscire, dobbiamo mangiare in ufficio e riprendere il lavoro fino alle 20:00 di sera.

    In quest'ufficio, _____ troppo e male.

6. Quest'albergo è in una posizione molto buona, non è in centro ed è lontano dalla confusione e dal caos della città.

    In quest'albergo, _____ bene.

1 Forma impersonale

D Che festa è? Leggi i testi e completa gli spazi con il nome corretto della festa. Attento agli intrusi!

> Carnevale / Pasquetta / Natale / Liberazione / Capodanno / San Valentino

1. _____

Tutti aspettano, con grande ansia, il cenone di fine anno per salutare l'anno vecchio e dare il benvenuto al nuovo anno. A poche ore dalla mezzanotte le famiglie si riuniscono con i parenti intorno alla tavola colorata di rosso e ricca di piatti tradizionali: lenticchie, cotechino, melograno, uva, panettone, struffoli, panforte e fiumi di spumante. <u>Si mangia</u> insieme e a pochi minuti dalla mezzanotte, tutti sui canali della Rai per cominciare il conto alla rovescia, in diretta con una delle piazze e delle città italiane: 10-9-8-7-6-5-4-3-2-1 0... A mezzanotte in punto si brinda insieme e tutti si scambiano gli auguri con baci e abbracci.

2. _____

È l'ultimo giorno prima del digiuno che precede la Pasqua. L'abbondanza è una delle caratteristiche principali e non possono mancare le tradizioni culinarie: le chiacchiere, il sanguinaccio, le lasagne. A Venezia, si festeggia in maschera, si scherza, si balla e tutti si divertono a prendere in giro gli altri. A Viareggio si sfila per la città, i carri allegorici attraversano le strade con i personaggi internazionali della politica e dello spettacolo. Ad Ivrea, si gira in centro su dei carri e con dei caschi per proteggersi dal lancio delle arance: manifestazione che ricorda uno degli eventi storici più importanti della città.

3. _____

Ogni anno nel mese di aprile, le strade della città si riempiono di gente. Si scende nelle piazze per ricordare quello che hanno fatto i Partigiani: hanno combattuto contro la dominazione del nazi-fascismo e hanno liberato il Paese. In molte città è possibile rendere omaggio ai monumenti del Milite Ignoto, il più famoso è il Vittoriano a Roma, in piazza Venezia, dove il Presidente della Repubblica Italiana depone sul monumento una corona di fiori. In questa giornata, si sta insieme ad amici e parenti, molti ne approfittano per fare una scampagnata, o per visitare una città d'arte.

4. _____

Si rimane con la persona amata e si va insieme a festeggiare in un ristorante romantico. Tante sono le offerte per dei viaggi romantici o per un fine settimana d'amore in qualche albergo di una delle città turistiche italiane. Il Bacio Perugina è il protagonista di questo giorno, con il sapore del cioccolato fondente e la poesia dei suoi messaggi. Le origini della festa risalgono al 14 febbraio del 274: un vescovo è stato decapitato, perché aveva celebrato il matrimonio tra una cristiana e un pagano.

Ora rileggi i testi e <u>sottolinea</u> solo i verbi alla forma impersonale.

Ora prova a descrivere anche tu una festa con la forma impersonale.

prima parte

E 1. Leggi le frasi.

1. Mi arrabbio spesso quando non riesco a fare qualcosa al computer.
2. Quando leggo, mi addormento subito.
3. Quando si va ad un matrimonio, **ci si veste** eleganti.
4. Ci si arrabbia quando le cose non funzionano bene.
5. Claudia si veste sempre in modo disordinato.
6. Mi alzo sempre tardi quando non devo andare a lavorare.
7. Ci si alza presto quando si lavora.
8. Ci si addormenta subito dopo una giornata faticosa.

2. Ora completa la tabella con la forma <u>personale</u> e impersonale dei verbi riflessivi che hai incontrato nelle frasi dell'attività 1.

Verbi riflessivi	Forma personale	**Forma impersonale**
arrabbiarsi		
alzarsi		
addormentarsi		
vestirsi	Claudia <u>si veste</u>	**ci si veste**

F Collega le frasi personali e impersonali, come mostra l'esempio.

1. Quando ci si sente stanchi,
2. Quando mi sento stanco,
3. In Italia, ci si lamenta soltanto,
4. Lei si lamenta sempre,
5. Ci si veste come
6. Alla fine, lei si veste

a. ma non fa mai niente di buono.
b. ma nessuno fa niente per aggiustare le cose.
c. sempre come vuole.
d. ci si rilassa nella sauna del centro benessere.
e. si vuole a Carnevale.
f. mi rilasso nella sauna del centro benessere.

G Completa le frasi con i verbi corretti, alla forma personale e alla forma impersonale.

1. Quando _____ bene, _____ meglio con tutti.	stare – sentirsi
2. Quando (io) _____ bene, _____ meglio con tutti.	
3. Quando _____ male, _____ in ospedale.	farsi – andare
4. Quando (io) _____ male, _____ in ospedale.	
5. Quando _____ con gli amici, _____ tanto.	divertirsi – uscire
6. Quando (io) _____ con Chiara, _____ tanto.	

2 I verbi servili al passato

A Leggi e collega le frasi.

1. Carla non aveva più soldi con sé e quindi è…
2. Ero un po' stanco ieri e perciò sono…
3. Mancavano le uova e non abbiamo…
4. Alla riunione, non sono venuti tutti i condomini e quindi l'hanno…
5. L'autore del libro ha…
6. Avevamo dimenticato i passaporti a casa e non siamo…

a. più potuti partire.
b. voluto rimanere a casa.
c. dovuta andare in banca.
d. voluto dare in beneficenza il 10% degli incassi delle vendite.
e. dovuta rimandare.
f. potuto preparare il dolce.

B Leggi la coniugazione dei verbi, in disordine, e completa gli spazi con l'ausiliare corretto, come mostra l'esempio.

Andare
Loro _____ dovuti/e andare
Tu _sei_ dovuto/a andare
Voi _____ dovuti/e andare
Lei _____ dovuta andare
Noi _____ dovuti/e andare
Lui _____ dovuto andare
Io _____ dovuto/a andare

Rimanere
Noi _____ voluti/e rimanere
Loro _____ voluti/e rimanere
Tu _sei_ voluto/a rimanere
Lei _____ voluta rimanere
Io _____ voluto/a rimanere
Voi _____ voluti/e rimanere
Lui _____ voluto rimanere

Preparare
Voi _____ potuto preparare
Lui _____ potuto preparare
Tu _hai_ potuto preparare
Io _____ potuto preparare
Lei _____ potuto preparare
Loro _____ potuto preparare
Noi _____ potuto preparare

Dare
Lui _____ voluto dare
Voi _____ voluto dare
Tu _hai_ voluto dare
Noi _____ voluto dare
Lei _____ voluto dare
Io _____ voluto dare
Loro _____ voluto dare

prima parte

C Riordina le frasi e cancella l'ausiliare in più, come mostra l'esempio.

non - le chiavi – ~~siamo~~ - con noi - e - Non avevamo - potuto - la macchina.- abbiamo -prendere
Non avevamo le chiavi e non abbiamo potuto prendere la macchina

1. perché - più venire - da fare - sono - in ufficio. - potute - Le colleghe – alla conferenza,– molto - avevano - non – hanno

2. sono - per soccorrere - hanno - i feriti. - chiamare - un'autoambulanza, - dovuto - I passanti

3. perché - non - ha - è –venire - alla cena, - Carla - non aveva - voglia - di stare - voluta - in compagnia.

4. i bambini - per convincere - avete - fare, - siete - Che cosa - a mangiare - le verdure? – dovuto

5. grazie - ha - colleghi. - Il chirurgo - potuto - è - fare - all'aiuto - l'operazione, - dei suoi

D Leggi le situazioni e completa le frasi con i verbi *volere*, *potere* e *dovere* al passato prossimo, come mostra l'esempio.

Claudia voleva _invitare_ le sue amiche, ma non aveva il telefono.
Claudia non _ha potuto invitare_ le sue amiche.

La signora Nardi si è sentita male e così il marito ha chiamato un medico.
1. Il marito della signora Nardi _____ un medico.

Stefano ha chiamato un suo amico e insieme sono andati a bere una birra.
2. Stefano _____ a bere una birra con un suo amico.

I ragazzi hanno preferito regalare un nuovo tablet al loro papà.
3. I ragazzi _____ un nuovo tablet al loro papà.

Le ragazze avevano dimenticato dei bracciali in palestra e così sono ritornate a riprenderli.
4. Le ragazze _____ in palestra, per riprendere i bracciali.

I cani sono rimasti fuori in giardino, ma sono riusciti ad entrare per la finestra.
5. I cani _____ dalla finestra.

Alla fine siamo riusciti ad arrivare in tempo a teatro, grazie al passaggio di Marco.
6. Alla fine _____ in tempo, grazie al passaggio di Marco.

2 I verbi servili al passato

1. Leggi i testi e rispondi alle domande, con i nomi di persona.

> Paola **voleva** uscire prima di casa, per non perdere l'autobus delle 8:00, ma purtroppo non ha sentito la sveglia e si è alzata tardi. Così _ha dovuto_ chiamare la sua collega Giulia e le ha chiesto un passaggio. Giulia purtroppo le ha risposto che non **poteva**, perché era già in autostrada, ma alla fine ha deciso di ritornare indietro e di passare a prenderla. Così sono arrivate insieme in ufficio, ma prima Paola le _ha voluto_ offrire la colazione al bar, per ringraziarla del grande favore che le aveva fatto.

> Stefano _è voluto_ uscire più presto di casa, per andare a fare colazione al bar, prima di andare in ufficio. **Doveva** passare in banca a prelevare i soldi, ma aveva dimenticato la carta di credito a casa e così ha pagato la colazione con i pochi soldi che aveva in macchina. Nel pomeriggio, quando è uscito dall'ufficio, _ha potuto_ pagare il parcheggio, grazie al suo collega Marco. L'ha invitato a casa per offrirgli qualcosa da bere e ringraziarlo per il suo aiuto, ma Marco non _ha potuto_ accettare, perché la moglie lo stava aspettando per la cena.

1. Chi ha potuto offrire qualcosa all'altro, per ringraziarlo? _____
2. Chi è potuto ritornare a casa grazie ad un suo collega? _____
3. Chi si è potuto alzare in orario ed è potuto uscire prima di casa? _____
4. Chi ha dovuto telefonare ad un'altra persona per chiedere aiuto? _____
5. Chi non ha potuto offrire qualcosa all'altro, per ringraziarlo? _____

2. Ora rileggi queste parti nei testi originali e indica la frase corretta: A oppure B?

1. Paola **voleva** uscire prima di casa…
   A. Paola è uscita prima di casa.
   B. Paola non è uscita prima di casa.
   Risposta: _____

2. Stefano _è voluto_ uscire prima di casa…
   A. Stefano è uscito prima di casa.
   B. Stefano non è uscito prima di casa.
   Risposta: _____

3. Così Paola _ha dovuto_ chiamare la sua collega Giulia…
   A. Paola non ha più chiamato la sua collega.
   B. Paola ha chiamato la sua collega.
   Risposta: _____

4. Stefano **doveva** passare in banca a prelevare i soldi.
   A. Stefano ha preso i soldi.
   B. Stefano non ha più preso i soldi.
   Risposta: _____

> **Ricorda!**
> I verbi potere, volere e dovere, al passato prossimo, esprimono un'azione realizzata; all'Imperfetto, invece, l'azione non è successa.

F Leggi le *situazioni* e prova a completare gli spazi con i verbi *volere*, *potere* e *dovere* al tempo corretto: Imperfetto o Passato prossimo?

Claudia aveva voglia di uscire, ma alla fine i bambini si sono addormentati e quindi è rimasta con loro.
Claudia _____*voleva*_____ (volere) uscire, ma alla fine _____*è dovuta*_____ (dovere) rimanere a casa.

1. Abbiamo portato Stefano al ristorante giapponese, perché sapevamo che a lui piaceva tanto il sushi.
   Noi _____ (volere) portare Stefano al ristorante giapponese.

2. Anche se i ragazzi non avevano molto tempo a disposizione, sono riusciti a finire il compito in tempo.
   I ragazzi _____ (potere) finire il compito, in tempo.

3. Avevamo abbastanza tempo per raggiungere i nostri amici in pizzeria, ma alla fine abbiamo deciso di andare da soli in una trattoria.
   _____ (potere) raggiungere i nostri amici in pizzeria, ma alla fine _____ (volere) andare in trattoria.

4. Avevo bisogno di quella borsa in vetrina, ma non l'ho più comprata, perché non avevo abbastanza soldi con me.
   _____ (volere) comprare quella borsa, ma non l'_____ (potere) prendere, perché non avevo abbastanza soldi con me.

5. L'aereo è arrivato con mezz'ora di ritardo.
   L'aereo _____ (dovere) arrivare alle 10:00, ma è atterrato con mezz'ora di ritardo.

6. I turisti hanno deciso di non alloggiare più in quell'albergo, perché era poco curato e molto rumoroso.
   I turisti non _____ (volere) più alloggiare in albergo, perché era poco curato e molto rumoroso.

perfetto! 2

3 Preposizioni semplici e articolate 1

A **1.** Metti insieme le frasi e collegale alla foto corretta, come mostra l'esempio.

1. È molto famoso e...
2. Si allena _____ bicicletta, ...
3. Si alza molto presto al mattino, ...
4. Andiamo _____ lui, ...
5. È _____ vetro e...
6. Le mangiamo _____ autunno, ...
7. Spesso è _____ comodino...
8. Atterra _____ pochi...
9. Parte _____ Milano centrale, ...

a. per le strade della città.
b. _____ mese di ottobre.
c. _____ 4:00 è già al lavoro.
d. dal binario 8.
e. accanto al letto e si accende di notte.
f. quando dobbiamo riparare la macchina.
g. viene _____ Portogallo.
h. contiene liquidi.
i. minuti all'aeroporto di Malpensa.

 Ronaldo 1g

 il meccanico

 il bicchiere

 le castagne

 il ciclista

 la stazione

 l'aereo

 la lampada

 il panettiere

2. Ora completa gli spazi dell'attività 1 con le preposizioni.

B **1.** Leggi l'inizio di ogni frase e completala con la parte che manca, nel riquadro, da mettere in ordine.

- nuovo - di - da - qualcosa - studiare
- dei - da - acquistare - piacerebbe - le - interessanti - leggere - libri
- tv - bello - da - di - in - vedere
- fresco - di - bisogno - l'autista - bere - qualcosa - avrebbe - di - da
- da - di - vorrebbero - buono - qualcosa - mangiare

1. Claudio e Carlo non hanno fatto colazione e _____.
2. Giulia sta partendo per le vacanze e _____.

prima parte

3. Fa molto caldo e _____.
4. Che cosa c'è _____, stasera?
5. Oggi non sono potuto venire a lezione.
   C'è _____, per la prossima volta?

> **Ricorda!**
> - da + verbo
>   Es. Vorrei qualcosa da bere.
> - di + aggettivo
>   Es. Vorrei leggere qualcosa di interessante.

2. Leggi questa catena e separa le parole, come mostra l'esempio.

togliere/caldo/berefarefortebellofreddovederedireinteressanteaggiungeredebole

2.1. Ora leggi le situazioni e prova a completare con la preposizione corretta: *di* oppure *da* e le parole dell'attività 2. Attenzione! Non servono tutte le parole dell'attività 2.

1. Carlo ha freddo. Vorrebbe qualcosa *di caldo* _____.
2. I bambini si stanno annoiando, vogliono qualche gioco divertente _____.
3. Ho bevuto già tre caffè e non riesco a tenere gli occhi aperti. Avrei bisogno di qualcosa _____ più _____.
4. Questa città è così noiosa, non c'è niente _____.
5. Ci sono delle cose molto importanti _____, durante la riunione di oggi.
6. Se non avete più niente _____, direi che per oggi è tutto.

C Leggi la storia dei due topi e completa gli spazi con le preposizioni corrette.

La storia dei due topi

Una volta, un topo _____ città e un topo _____ campagna si incontrano. Cominciano _____ parlare e _____ raccontarsi l'uno con l'altro quello che facevano; il topo _____ campagna dice _____ suo amico _____ città: "Beato te, che hai tanto _____ mangiare! Qui in campagna c'è sempre così poco _____ mettere sotto i denti".
E l'altro: "Ma io mangio sempre _____ corsa e scappo _____ cani e _____ gatti che mi inseguono nelle case! Beato te, che qui _____ campagna puoi mangiare con calma".
Ai due topi viene un'idea brillante: si scambiano tra loro; il topo _____ campagna va _____ città e prende il posto dell'amico mentre il topo _____ città si trasferisce _____ campagna. I primi tempi le cose vanno alla grande: il topo _____ campagna si abbuffa _____ formaggio e quello _____ città mangia le sue briciole con una calma tale che si mette _____ tavola _____ mezzogiorno _____ tramonto.
Presto, però, cominciano a rimpiangere la vita che facevano prima: il topo _____ campagna torna a desiderare la sua tranquillità e quello _____ città l'abbondanza _____ cibo. E così, quando si incontrano la volta successiva, decidono _____ tornare alle proprie vecchie case e alle vecchie vite.

Qual è la morale della favola?
Nella vita ci vuole un pizzico di umiltà nell'accettare le proprie condizioni: infatti, quelle degli altri spesso non sono tanto migliori, come si potrebbe pensare a prima vista.

Che ne pensi della morale della favola? Sei d'accordo? Perché?

(Adattato dalla favola di Esopo: Il topo di campagna e il topo di città)

3 Preposizioni semplici e articolate 1

D Leggi il quiz su Marco Mengoni e completa gli spazi con il periodo giusto e le preposizioni corrette, con l'aiuto della tabella, come mostra l'esempio.

Periodo	Altre informazioni
14 anni	scuola di canto
febbraio 2010	Credimi ancora
2013	L'essenziale
1988	**nascita**
ottobre	Best Italian Act
2009	X Factor

A: Quando è nato?
B: *Nel 1988*   .

A: Si è avvicinato alla musica sin da piccolo. Quando ha cominciato la scuola di canto?
B: _____.

A: Ha anche partecipato ad una delle edizioni di X Factor. In che anno?
B: _____.

A: In che anno, ha partecipato al Festival di Sanremo con la canzone *"Credimi ancora"*?
B: _____.

A: È stato nominato Best Italian Act, in occasione degli Mtv Europe Music Awards. In quale periodo del 2010, si svolge questa manifestazione?
B: _____.

A: In che anno, vince a Sanremo con il brano *"L'essenziale"*?
B: _____.

Ora prova a mettere insieme tutte le informazioni su Marco Mengoni, in un testo scritto, oppure orale.

E Il fine e la causa

1. Leggi le frasi e completa gli spazi con la preposizione e il verbo corretti.

> per parlare / a fare / a comprare / per addormentarsi / per la spesa / a fare

1. Vado in edicola _____ il biglietto.
2. Esco con i miei amici _____ due passi.
3. Studio il tedesco, _____ con i miei cugini, che vivono in Germania.
4. La nonna prende queste pillole _____.
5. Ecco i soldi _____.
6. Rimango con te _____ la fila alle poste.

prima parte

2. Trova la causa giusta. Collega le frasi.

1. Per il mal tempo, ...
2. Non mangia da tre giorni...
3. Non vuole andare in bicicletta, ...
4. Non vuole cominciare una nuova storia con te, ...
5. Non mangia carne, ...
6. Per un esame che è andato male, ...

a. per colpa di quello che è successo con il suo ex.
b. per scelta. È vegetariano.
c. per uno strano mal d'amore.
d. non siamo potuti più andare al mare.
e. adesso vuoi lasciare l'università?
f. per paura di cadere di nuovo.

3. Leggi le frasi e indica se la preposizione introduce un fine (F) o una causa (C).

1. Totò è famoso **per** i suoi film e **per** le sue poesie.
2. I bambini sono usciti **a** comprare i gelati.
3. Ciao, Giulio. Ti sto chiamando **per** parlarti di un progetto.
4. L'insegnante di matematica si è arrabbiata, **per** colpa della tua maleducazione.
5. Rimango a casa con te **per** non lasciarti solo.
6. Il corso non può cominciare, **per** mancanza di iscritti.

4. Leggi il testo e prova a capire lo stato d'animo di ogni persona che lavora in quest'ufficio.

In ufficio c'è un'atmosfera molto tesa. Marta ha tante cose da fare: scrivere una relazione, organizzare una riunione con il capo, andare alle poste… e non sa da dove cominciare. Claudio invece è un po' preoccupato, perché deve incontrare un nuovo cliente e fare il possibile per fargli firmare il contratto, altrimenti rischia di perdere il lavoro. I colleghi Paolo e Giulio nel loro ufficio lavorano con i giubbini, in pieno inverno, perché sono settimane che aspettano il tecnico che venga a riparare il guasto. Maria ha combinato un casino con i clienti stranieri, ha frainteso i loro ordini in inglese, scambiando i prodotti da inviare. Chissà cosa succederà quando lo scoprirà il direttore. L'unico tranquillo e rilassato è Giorgio che finalmente, dopo due anni di lavoro intenso, ha deciso di sposarsi e di prendersi un mese di vacanza.

Ora leggi le seguenti espressioni e prova a capire chi si sente così. Completa gli spazi con i nomi delle persone, come mostra l'esempio.

1. _____ trema dalla paura.
2. _____ è pieno di tensione.
3. _Marta_ è pazza per la disperazione.
4. _____ stanno morendo di freddo.
5. _____ è rossa per la vergogna.
6. _____ grida di felicità.

3 Preposizioni semplici e articolate 1

F Verbi fraseologici

1. Completa le frasi con le preposizioni corrette.

1. La finestra della mia stanza dà _____ strada.
2. Da solo, non puoi preparare quest'esame. Hai bisogno _____ un insegnante privato.
3. Mio figlio non vuole stare da solo. Appena mi allontano, comincia _____ piangere.
4. Hai finito _____ prendermi in giro?
5. Sei proprio ingenuo. Ma perché credi _____ tutto quello che ti dicono?
6. Che cosa farai dopo la Maturità? Hai deciso _____ iscriverti a Ingegneria?

2. Separa le parole, come mostra l'esempio, e mettile in ordine negli spazi.

1. (mi/lui/fido/non/di)

   Sinceramente, _____, dice troppe bugie.

2. (leiinnamoratoèsidi)

   Si sono conosciuti mentre facevano la fila al cinema. L'ha vista e _____.

3. (portarleriescoanon)

   Troppe borse, _____ tutte da solo.

4. (diricordatoportarmiseiti)

   Ciao, Carlo _____ i cd?

5. (bisognounholavorodi)

   Non ho più soldi. _____.

6. (checrediquellofaiin)

   _____ e vedrai che andrà tutto bene.

3. Leggi i seguenti dialoghi e prova a capire bene il significato delle espressioni <u>sottolineate</u>.

Dialogo 1

A: Ciao Giulia, come stai?
B: Potrebbe andare meglio!
A: Che cos'è successo? <u>Ti va di</u> parlarne?
B: No, non mi va di scocciarti con i miei soliti problemi.

prima parte

A: Ma dai, a volte è importante <u>parlare con un vero amico</u> (**b**) e <u>farsi aiutare dalle persone che ci sono vicine</u> (____).

B: Ho litigato di nuovo con Paolo. L'ho visto con un'altra e lui invece continua a negare tutto.

A: Guarda a questo punto meglio lasciarlo andare. Paolo non è la persona che fa per te e poi ha un caratteraccio, meglio <u>stare lontani da persone come lui</u> (____) e andare avanti.

Dialogo 2

A: Marco, non credi sia il caso di <u>studiare meglio il programma di Storia</u>? (____) Domani hai l'esame all'università.

B: Mamma, lo sto studiando da una settimana e credimi sono cose che già so.

A: Una settimana? Credi che basti una settimana, per passare un esame? L'esame di Letteratura l'hai studiato per tre mesi e <u>non sei stato capace di superarlo</u>. (____) Quindi forza, a studiare!

Dialogo 3

A: Salve direttore, mi sarebbe venuta in mente un'idea per migliorare la collaborazione tra i colleghi e aumentare la produzione.

B: Interessante, di cosa si tratta? <u>Descrivimi un po' questa tua idea</u>. (____)

Ora prova a collegare ad ognuna delle parti <u>sottolineate</u>, nei dialoghi, l'espressione con lo stesso significato:

a. parlare di qualcosa / b. aprirsi con qualcuno / c. concentrarsi su qualcosa / d. non avere a che fare con qualcuno / e. non essere in grado di fare qualcosa / f. avere fiducia in qualcuno

3.1. Ora prova a riscrivere le frasi dei dialoghi con le espressioni che hai trovato. Attenzione! In alcuni casi la preposizione diventa articolata.

Dialogo 1

b. è importante **aprirsi con un vero amico**.

_____.

Dialogo 2

_____.

_____.

Dialogo 3

_____.

Ora prova a scegliere alcune espressioni e fai anche tu degli esempi.

perfetto! 2

A Leggi e collega le frasi.

1. Quando si esce con gli amici il sabato sera, ☐
2. Quando ci si organizza in anticipo, ☐
3. In quest'albergo c'è troppo rumore, ☐
4. In Italia si mangia bene, ☐
5. In una coppia, spesso ci si arrabbia troppo presto, ☐
6. In questo paese, non si sta bene, ☐

a. ma purtroppo si vive male.
b. perché c'è troppa burocrazia.
c. si dorme male.
d. si rientra sempre tardi.
e. senza ascoltare le spiegazioni dell'altro.
f. le cose riescono sempre bene.

Tot: _____ /3

B Leggi le frasi e <u>sottolinea</u> la forma impersonale corretta.

1. Se la sera prima *si beve / ci si beve* molto, la mattina *si alza / ci si alza* con un gran mal di testa.
2. Per visitare una nuova città, *si va / ci si va* in giro nel centro storico a vedere chiese e musei.
3. Quando siamo in compagnia dei nostri amici *si diverte / ci si diverte* sempre.
4. A Carnevale *si festeggia / ci si festeggia* con lasagne e cibo in abbondanza.
5. In Giappone non *si saluta / ci si saluta* mai con una stretta di mano.

Tot: _____ /3

C Leggi le frasi e completa gli spazi con il verbo giusto, nella forma corretta: impersonale oppure no?

distrarsi (2) / sentirsi / andare / viaggiare (2)

1. Stamattina _____ dal dentista, perché abbiamo un terribile mal di denti.
2. Quando _____ male, bisogna andare dal medico ed evitare di controllare internet.
3. Mentre lavoro, non posso stare su facebook, altrimenti _____.
4. In quest'ufficio, _____ troppo sui social.
5. In Brasile, _____ più in autobus che in aereo.
6. Non _____ mai in aereo, perché ho paura.

Tot: _____ /3

D Completa gli spazi con il tempo giusto, al passato, dei verbi servili indicati in parentesi.

1. Gli operai _____ (dovere) uscire dalla fabbrica, a causa di un incendio. Per fortuna ce l'hanno fatta. Nessun ferito.

TEST 1

2. Gli operai _____ (volere) uscire dalla fabbrica, ma sono rimasti bloccati a causa di un incendio.
3. Il cliente dell'albergo _____ (volere) abbandonare le camere quando ha visto che c'erano molti disservizi. Alla fine _____ (dovere) rimanere, perché non c'erano altri alloggi liberi in città.
4. _____ (noi-dovere) andare ad una festa di amici a Capri, ma purtroppo non _____ (potere) raggiungere l'isola a causa del temporale e del mare mosso.

Tot: _____ /3

E Leggi il testo e completa gli spazi con la parola corretta.

Siamo partiti alle 7:00 da Rimini in modo da raggiungere Sondrio per l'ora di pranzo. _____ (1) dovuto percorrere circa 500 km, ma quello che abbiamo trovato al nostro arrivo sicuramente _____ (2) ripagato tutta la strada fatta. Abbiamo pranzato alla trattoria "*Da Olmo*" dove abbiamo potuto assaggiare ottimi piatti della tradizione valtellinese grazie al cuoco _____ (3) è il padre del mio compagno. Affamati per il lungo viaggio abbiamo provato un antipasto di *sciatt* e bresaola. Gli sciatt sono simili a delle frittelline croccanti di _____ (4) tondeggiante con cuore di formaggio fuso: una vera delizia per il palato. Mentre come _____ (5) abbiamo provato gnocchi ai mirtilli e i malfatti con bitto e speck, tutti e due molto buoni. _____ (6) pranzo ci siamo diretti verso la piazza centrale di Sondrio _____ (7) berci un caffè e rilassarci. _____ (8) distante scorre il fiume Mallero, un affluente dell'Adda.
Abbiamo fatto una passeggiata _____ (9) il torrente per rinfrescarci un po' visto le temperature elevate in città: _____ (10) andare al fresco e invece abbiamo trovato la stessa afa della Riviera. Fortunatamente qualche goccia di pioggia ha rinfrescato l'aria e _____ (11) potuto approfittarne per lasciare le valige nell'appartamento del padre del mio compagno (che ci ha ospitato per l'intero soggiorno) e per farci una doccia. Prima di cena _____ (12) fare una una passeggiata nel quartiere di San Giovanni di Teglio, ma eravamo troppo stanchi e così siamo rimasti nei paraggi, senza allontanarci troppo.

(Testo adattato da : http://turistipercaso.it/valtellina/79377/vacanze-valtellinesi.html)

UNITÀ 1-3

1. siamo – abbiamo – hanno
2. è – siamo – ha
3. dove – che – come
4. sapore – gusto – forma
5. contorno – primo – secondo
6. dopo – prima – durante
7. di – per – da
8. lungo – poco – quando
9. lungo – dentro – largo
10. siamo voluti – volevamo – abbiamo voluto
11. siamo – abbiamo – sono
12. abbiamo voluto – siamo voluti – volevamo

Tot: _____ /6

F Leggi le frasi e <u>sottolinea</u> la preposizione corretta.

1. Antonio Meucci ha costruito il primo prototipo di telefono *al – nel - dal* 1894.
2. La Seconda Guerra Mondiale è durata sei anni, *nel – al - dal* 1939 *al – nel - dal* 1945.
3. Per la pausa pranzo, ho preparato per voi qualcosa *di – da – dal* davvero speciale. Vedrete!
4. A casa mia, pranziamo molto presto. A volte anche *a – nel – al* mezzogiorno.
5. Dal mese di marzo al mese di giugno ci sono molte feste *di – da - del* celebrare.

Tot: _____ /3

G Leggi le frasi e completa gli spazi con la preposizione corretta.

1. Paolo hai finito _____ guardare il telegiornale! Perché non vieni ad aiutarmi?
2. Caro, io esco! Vado al supermercato _____ comprare un po' di cose. Hai bisogno di qualcosa?
3. Ieri, ho portato un cucciolo a casa. Stava morendo _____ freddo per strada.
4. Quando Laura si è accorta che Fabio, il suo ragazzo, l'aveva vista abbracciata con un altro uomo, lei è scappata via _____ la vergogna.
5. Era molto tesa per il colloquio, ma poi quando ha saputo che ce l'aveva fatta è scoppiata in un pianto _____ felicità.
6. Paolo non fa altro che pensare alla ragazza che ha conosciuto al bar. È pazzamente innamorato _____ lei.

Tot: _____ /3

H Leggi le frasi e indica le quattro preposizioni sbagliate.

1. Non riesco a capire perché non si apre questo file. Ah questi computer!
2. Claudia, in ufficio hanno bisogno con te. Dovresti aiutare i colleghi, a scrivere dei documenti.
3. Non ci fidiamo di loro. Hanno un comportamento molto strano.
4. Vi siete dimenticati di nuovo a riportare i libri in biblioteca?
5. I tuoi alunni si sono innamorati per te, Paola?
6. Non credete di tutto quello che leggete sui social. Molte notizie sono false.

Tot: _____ /3

I Leggi le frasi e completa gli spazi con le parole corrette. Attenzione agli intrusi!

abbiamo potuti / dal / si fida / bisogno / siamo potuti / bisogna / nel / alle / abbiamo potuto

1. Purtroppo non _____ più venire alla cena, perché avevamo altro da fare.

TEST 1

2. Dalle 10:00 _____ 12:00, ho un importante incontro da fare. Si tratta di un webinar online.

3. Hai _____ di aiuto? Ti do una mano se vuoi.

4. Non vuole venire in macchina con me, perché non _____. Dice che guido in modo spericolato.

5. _____ mese di aprile _____ fare molte cose importanti. Siamo davvero molto soddisfatti.

Tot: _____/3

Calcolo punteggio

• A-B-C-D-E-F-G-H-I: 2 errori = -1

Tot: _____/30

4 Superlativi e comparativi

A Il superlativo assoluto

1. Quali sono gli aggettivi che seguono la stessa regola di bello, stanco e facile? Guarda gli esempi e completa la tabella con gli aggettivi e con i superlativi assoluti.

> difficile / vicino / lungo / buono / gentile

Aggettivo	Superlativo assoluto
bello	bellissimo
vicino	_____
_____	_____
stanco	stanchissimo
_____	_____
facile	facilissimo
_____	_____
_____	_____

2. Completa gli spazi con il contrario del superlativo assoluto in parentesi.

1. Questa pizza è __buonissima__ (cattivissima).
2. La nuova macchina di Carlo è _____ (lentissima).
3. Il libro che hai comprato è _____ (noiosissimo).
4. Il test era _____ (difficilissimo).
5. Questo yatch è _____ (piccolissimo).
6. Questo tunnel è _____ (cortissimo).

B Il Superlativo relativo

1. Completa gli spazi (1) con i nomi che corrispondono alle foto e gli spazi (2) con i seguenti aggettivi:

> raccomandato / alto / volenteroso / grandi / **rinomato** / belle.

1. Le *Due Fontane* è il (1) __ristorante__ più (2) __rinomato__ della città.

2. Carlo è il più (2) _____ della (1) _____.

3. Scienze della comunicazione è il corso meno (2) _____ dell' (1) _____.

40 quaranta

prima parte

4. Giulio è il meno (2) _____ tra gli (1) _____ della sua classe.

5. Napoli è tra le (1) _____ più (2) _____ d'Italia.

6. Capri è una delle più (2) _____ (1) _____ d'Italia.

2. **I primati italiani.** Leggi le seguenti parti di articoli e prova a capirne il significato.

> Il Lazio è la regione italiana che tra il 2016 e il 2017 ha ricevuto più di 20 milioni di visitatori, che hanno riempito i musei e siti archeologici della regione. Segue la Campania che è ormai stabile al secondo posto della classifica delle regioni più virtuose, la rinascita di Pompei, ma sono stati molto positivi anche gli altri siti storici: dalla Reggia di Caserta, al Museo archeologico Nazionale di Napoli, a Capodimonte e Paestum.
>
> (Testo adattato dall'articolo di Renzo De Simone, beniculturali.it, http://www.beniculturali.it/mibac/export/MiBAC/sito-MiBAC/Contenuti/visualizza_asset.html_249254064.html)

> Sale sul tetto del mondo il cibo italiano, al primo posto: paste alimentari, cioccolata non in tavolette, derivati del pomodoro, mele, carni suine conservate, seguono in seconda posizione: vini e spumanti, caffè torrefatto, prodotti di panetteria e pasticceria industriale, uva da tavola. Tra le terze posizioni: salse e condimenti, gelati e lattuga.
>
> Secondo i numeri, l'Italia ha il maggior numero di certificazioni alimentari: il Paese con 264 prodotti Dop e Igp, seguiti a distanza da Francia, 207, e Spagna, 162. Inoltre, per quanto riguarda i vini, il Bel Paese conta ben 332 vini Doc, 73 Docg e 118 Igt. Sono tutti dati riportati in un recente studio dal titolo "10 verità sulla competitività italiana. Focus sul settore agro-alimentare".
>
> (Testo adattato dall'articolo di Marco Fortis, ilsole24ore, https://st.ilsole24ore.com/art/notizie/2015-02-11/il-cibo-italiano-sale-tetto-mondo-063819.shtml?uuid=ABz0vpsC)

> Il mare italiano è sempre più bello e pulito, così come i laghi e i porti turistici. Cresce infatti il numero delle Bandiere Blu nel nostro Paese. Il celebre riconoscimento, promosso ogni anno dalla ong danese Foundation for Environmental Education (Fee), ha premiato, nel 2018, 175 comuni per un totale di 368 spiagge, contro i 163 del 2017. Ebbene quali sono le spiagge più belle d'Italia? La Liguria con 27 località guida ancora una volta la classifica nazionale, davanti alla Toscana con 19 località, mentre la Campania raggiunge 18 bandiere con tre nuovi ingressi (Piano di Sorrento, Sorrento e Ispani). Quarta posizione per le Marche che perdono una bandiera (Gabicce mare) e scendono a 16 comuni. Anche la Puglia conquista tre nuove località (Peschici, Rodi Garganico e Zapponeta) e raggiunge 14 Bandiere, mentre la Sardegna è presente con 13 località con due nuovi ingressi (Bari Sardo e Trinità d'Agultu e Vignola).
>
> (Testo adattato da https://blog.magellanostore.it/bandiere-blu-2018-ecco-il-mare-piu-pulito-ditalia/)

4 Superlativi e comparativi

Ora ricostruisci le seguenti descrizioni con il superlativo relativo.

1. / più consumato / **Il Lazio è stata la regione** / il cibo italiano / al mondo. / d'Italia / più visitata / **La pasta, la frutta e la carne di maiale:** / tra il 2016 / e il 2017.

    a. Il Lazio è stata la regione _____.

    b. La pasta, la frutta e la carne di maiale: _____.

2. è il mare più pulito / tra le regioni / **L'Italia è il paese**/ del Sud. / che conta più prodotti riconosciuti / **Il mare della Campania** / ha più Bandiere Blu /**Quello ligure** / tra i paesi latini / dell'Europa. / d'Italia.

    a. L'Italia è il paese _____.

    b. Quello ligure _____.

    c. Il mare della Campania _____.

Ora prova a descrivere le bellezze del tuo Paese.

C Comparativi e superlativi

1. **Leggi le frasi e sostituisci il comparativo con le seguenti forme corrette: *minore, peggiore, superiore, migliore* e *maggiore*. Attenzione al numero: singolare e plurale!**

    1. Gli spaghetti alle vongole sono **più buoni** _migliori_ del riso alla pescatora.
    2. I miei strumenti da lavoro sono **più cattivi** _____ dei tuoi.
    3. Questo grattacielo è **più grande** _____ dell'altro.
    4. Questa casa è **più piccola** _____ di quella che abbiamo in città.
    5. I risultati che abbiamo ottenuto quest'anno sono **più buoni** _____ di quelli ottenuti l'anno scorso.
    6. Il reparto maternità è al piano **più alto** _____.

2. **Collega le frasi con le alternative corrette dei superlativi, come mostra l'*esempio*.**

    1. Questo corso è *il più buono /...*   [f]
    2. Questa pasta è *cattivissima /...*   [ ]
    3. Grazie ai tuoi sforzi hai ottenuto un *grandissimo /...*   [ ]
    4. Basta un *piccolissimo /...*   [ ]
    5. Il *più piccolo /...*   [ ]
    6. Il suo grado di conoscenza della lingua è *più alto /...*   [ ]

    a. *superiore*.
    b. *pessima*.
    c. *minore* dei fratelli è rimasto a casa.
    d. *il massimo* risultato.
    e. *minimo* sforzo per raggiungere il tuo obiettivo.
    f. *il migliore* di tutti.

42 quarantadue

5 Trapassato prossimo — prima parte

A 1. Completa le frasi con le espressioni indicate.

avevamo / eri già partito / **mi sono laureato** / avevamo camminato

1. Quando _mi sono laureato_, tu _____ per Londra.
2. _____ bisogno di dormire, perché _____ tutto il giorno.

trasferirmi / avevano rubato / ho potuto chiamare / avevo già ottenuto

3. Non ti _____, perché mi _____ il cellulare.
4. Prima di _____, _____ quel lavoro in banca.

ci eravamo ancora incontrati / ha mandato / eri / era già successo

5. Quando mi _____ quel messaggio, l'incidente _____.
6. Quando _____ all'università, non _____.

2. Ora indica, per ogni frase dell'attività 1, qual è l'azione che nel tempo si realizza prima.

1. _Partire: eri già partito_.
2. _____.
3. _____.
4. _____.
5. _____.
6. _____.

B Metti in ordine le frasi con i verbi al Passato prossimo e al Trapassato prossimo.

non / **ci siamo trasferiti** / **sposati**./ ancora / a Bologna, / Quando / **ci eravamo**

1. Quando _____.

quando / tu/ **nato**. / non **eri** / **Mi sono laureata**, / ancora

2. _____.

non /**sono arrivato** /per la cena. / niente / perché / la mattina / Quando / **avevo preparato**

3. _____ a casa, dopo il lavoro, ho ordinato una pizza, _____.

non / mi /**avevamo litigato**. / **ha voluto aiutare**, / perché / Luca

4. _____.

dalla persona / **ho ricevuto** / che / un messaggio / Ieri, / mi **aveva rotto**

5. _____ il finestrino della macchina.

quarantatré 43

5 Trapassato prossimo

C Completa gli spazi con i tempi corretti al passato: Passato prossimo, Imperfetto o Trapassato prossimo.

1. _____ (noi - andare) al ristorante, ma gli sposi non _____ ancora _____ (arrivare) e così, visto che il buffet _____ (essere) già pronto, _____ (cominciare) a stuzzicare qualcosa e a bere del vino bianco.

2. Quando io _____ (essere) adolescente, non _____ (esserci) ancora i cellulari, ma _____ (giocare) spesso con un vecchio computer, che i miei nonni mi _____ (regalare) ad uno dei miei compleanni. Il computer _____ (chiamarsi) Atari.

3. Ieri, _____ (vedere) la ragazza che _____ (conoscere) in discoteca la settimana scorsa. Quella sera, mi _____ (dare) il suo numero di cellulare, così _____ (pensare) di chiamarla e di invitarla a prendere un caffè insieme.

4. Siccome non _____ (avere) il cellulare, _____ (chiedere) ad un passante, gentilmente, di fare una telefonata dal suo cellulare. Ma purtroppo mi _____ (rispondere) che non l' _____ (avere) con sé perché l' _____ (dimenticare) in macchina.

5. Da lontano, chiamavo quella ragazza, ma non _____ (girarsi). Non _____ (capire) perché, così _____ (andare) da lei e quando _____ (io-avvicinarsi), le _____ (toccare) una spalla e _____ (accorgersi) che _____ (lei-essere) sorda. _____ (Essere) Giulia, la sorella di un mio vecchio amico, che _____ (avere) un incidente molto grave.

D Leggi l'articolo e collega le frasi vere.

Ricercato per un mandato di cattura si nasconde in cantina: ladro tradito da un peto

Gli agenti della Squadra Mobile, nella mattinata del 28 febbraio, hanno arrestato l'uomo 40enne e l'hanno condannato ad un anno di reclusione perché aveva rubato in due negozi a Landau (Germania) 1370 euro di alcolici. Nel frattempo si era spostato in Italia, prima nelle Marche e poi nel Piacentino dove aveva commesso diversi reati: era infatti un taccheggiatore seriale. I poliziotti che sapevano dove abitava sono andati a prenderlo, ma quando il ladro ha sentito suonare il campanello si è lanciato dal secondo piano, ha fatto un volo di cinque metri e poi si è nascosto in una delle cantine dell'edificio e si è chiuso dentro. I poliziotti che avevano visto la scena, lo hanno rincorso e prima di prenderlo è stato lui stesso a tradirsi con un fragoroso peto. L'hanno poi portato alle Novate in attesa dell'estradizione in Germania.

(Articolo adattato da: http://www.ilpiacenza.it/cronaca/ricercato-per-un-mandato-di-cattura-si-nasconde-in-cantina-ladro-tradito-da-un-peto.html)

1. Prima di trasferirsi in Italia, ☐
2. L'uomo si era spostato due volte ☐
3. I poliziotti hanno capito dov'era, ☐
4. Il ladro è scappato, ☐

a. perché aveva già capito che la polizia era lì per lui.
b. il ladro aveva commesso altri reati in Francia.
c. prima di essere preso dalla polizia.
d. perché avevano sentito un rumore.
e. il ladro aveva commesso altri reati in Germania.
f. perché avevano sentito delle grida.

E Moravia racconta il giorno in cui riceve la notizia della morte di Elsa Morante. Per ogni spazio indica l'alternativa corretta: A, B o C?

Ho appreso la morte di Elsa a Bonn, in Germania, dove mi trovavo …(1) viaggio per un'inchiesta giornalistica. Era …(2) inverno, aveva nevicato moltissimo. Allora sono uscito, ho camminato a …(3) nella neve. Ero commosso e …(4) di dimenticare la commozione con il gelo della giornata invernale. Sono tornato a Roma …(5) tempo per il funerale, sono andato a vedere la salma esposta nella bara. Il viso di Elsa negli ultimi anni …(6) nel senso di una vecchiaia un po' funesta. Con la morte …(7) a un aspetto quasi infantile, sereno, forse sorridente. …(8) corsa del carro funebre i fiori, probabilmente male assicurati alla corona, …(9) via uno dopo l'altro e sono andati a schiacciarsi sull'asfalto: …(10) fiori che volavano via tra il carro funebre di Elsa e la mia macchina mi …(11) un'impressione delirante e simbolica: …(12) era volata via Elsa dalla mia vita"

(Testo preso e adattato da Vita di Moravia, di Alain Elkann e Alberto Moravia, Bompiani, books.google.it)

1. A nel	B. in	C. al
2. A solo	B. tutto	C. pieno
3. A lungo	B. molto	C. poco
4. A cercavo	B. ho cercato	C. avevo cercato
5. A. al	B. per	C. in
6. A. si trasformava	B. si era trasformato	C. si è trasformato
7. A. era tornato	B. è tornato	C. tornava
8. A. Nella	B. In	C. Dalla
9. A erano volati	B. sono volati	C. volavano
10. questi	B. quelli	C. quei
11. A facevano	B. avevano fatto	C. hanno fatto
12. A così	B. allora	C. perciò

6 Pronomi e verbi pronominali 1

A Diretti e Indiretti

1. Leggi le frasi e indica per ognuna se la parte <u>sottolineata</u> è un oggetto diretto (D) o un oggetto indiretto (I).

    1. Ieri, siamo andati dai nonni, per portare **ai nonni** (I) l'invito del nostro matrimonio.
    2. Ho comprato le caramelle e ho dato <u>le caramelle</u> (___) ai miei nipotini.
    3. Appena ho visto quei dolci al mercato, ho preso <u>i dolci</u> (___) e ho mangiato <u>i dolci</u> (___).
    4. Marco si è arrabbiato con Giulia e ha dato uno schiaffo <u>a Giulia</u> (___).
    5. Carlo non vuole venire al concerto, perché <u>a Carlo</u> (___) non piace Jovanotti.
    6. A Marta piace molto la pizza e sua madre ha preparato <u>la pizza</u> (___) anche al suo compleanno.

    > **Ricorda!**
    > **L'oggetto diretto** non ha la preposizione:
    > Leggo **il libro**.
    > **L'oggetto indiretto** ha la preposizione:
    > Telefono **a Giulio**!

    Ora riscrivi le frasi con i pronomi corretti. Attenzione alla posizione del pronome!

    1. Ieri siamo andati dai nonni, per portar**gli** l'invito del nostro matrimonio.
    2. _____ .
    3. _____ .
    4. _____ .
    5. _____ .
    6. _____ .

2. Leggi le frasi e scrivi il pronome in grassetto, al posto giusto. Indica anche se si tratta di un pronome diretto (D) o indiretto (I).

    1. **li**: I miei calzini __X__ erano qui, chi __li__ ha presi?   [D]
    2. **mi**: ____ sono sicuro che Giulia non ____ ha detto tutta la verità.   [ ]
    3. **vi**: Ma se voi non ____ avete la macchina, chi ____ accompagna in ufficio?   [ ]
    4. **Le**: Signora Rossi, per portar____ la spesa a casa, dovrebbe ____ indicarci il suo indirizzo.   [ ]
    5. **lo**: Questo quadro ____ ho dipinto io, quando ____ ero più piccola.   [ ]
    6. **gli**: ____ hanno chiamato Pietro dall'ospedale e ____ hanno annullato la visita di domani.   [ ]

prima parte

3. Completa gli spazi con i pronomi corretti. Attenzione agli intrusi!

> lo/ la (2) / ti / le / mi / vi / gli /ci

1. Che cosa hai sul viso? Chi _____ ha fatto male?
2. Ho visto che il vigile si è avvicinato a quei ragazzi sul motorino. Chissà che cosa _____ ha chiesto.
3. La macchina è nuova non voglio lasciar_____ fuori. Preferisco metter_____ in un garage privato.
4. Bambini, ma voi _____ volete davvero bene?
5. Professore, non abbiamo capito bene questo concetto. È un po' complicato, potrebbe spiegar_____ di nuovo la parte teorica?
6. Le ragazze non volevano venire, ma alla fine _____ ho convinte.

4. Leggi la trama del libro "Quello che so sulle donne" e metti in ordine le parti in grassetto.

*mai / **vi** / pensare / capitato / è / di* _____ che:
" *mai / non / capirò / lo / le donne / **le** *" _____ ?
A William no, *successo / **gli** / è / non / mai* _____.
Lui sa che le donne vivono intensamente, sa che si lasciano risuonare dentro ogni emozione e tengono le cose importanti sempre vicino al cuore. È psicologo, lui, e di donne ne ha salvate tante, *ha / mani / via / strappate / **le** / dalle* _____
dei mostri della depressione e dell'anoressia. Poi è arrivata Sofia, una "ragazza uragano", *che / quelle / a / di / sconvolgerti / riescono* _____ la vita
in un istante. Un incrocio di sguardi, ed ecco che tutto comincia: innamorarsi, perdersi, rincorrersi e ritrovarsi legati. Lui silenzioso e riflessivo, lei che balla a piedi nudi e canta a squarciagola: sembrano opposti, ma non lo sono. Perché Sofia è come la luna, che appare nel cielo per metà, con un lato sempre nascosto. E lì, nel buio, che conserva le sue paure, le parole che non dice, le parti del corpo che odia, le notti di passione, di sesso e di oscurità. ***lo** / **le** / fanno / donne / tutte*
_____, tutte nascondono una parte di sé. Ed è proprio quella la parte più donna di ogni donna, il volto segreto che gli uomini inseguono e desiderano. Grazie a Sofia, William metterà alla prova quello che sa, o crede di sapere, sull'amore. E scoprirà che un uragano può distrugger**ti**, dominar**ti**, far**ti** impazzire. *incontri, / per / quando / **lo** / è / ma / sempre* _____.

(Testo adattato da:
https://www.mondadoristore.it/
Quello-che-so-sulle-donne-Adessoscrivo/eai978881709987/)

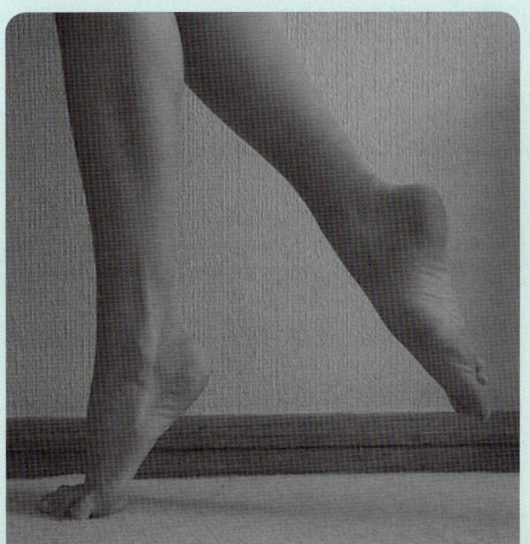

Ora prova a raccontare tu la storia del libro, con parole tue.

6 Pronomi e verbi pronominali 1

B La particella Ci.

1. **Leggi le frasi e completa gli spazi con le parti corrette.**

    1. in treno / ci vogliono / in macchina / ci metto.

        a. Per arrivare a Roma, _____ almeno due ore, _____.

        b. _____, da Roma a Napoli, io _____ un'ora e mezza.

    2. tradizionale / ci vuole / ci metto / faccio

        a. Quando _____ il tiramisù, _____ anche la panna.

        b. Nel tiramisù _____ non _____ la panna.

    3. ci posso mettere / ci vogliono

        a. Per avviare questo progetto _____ 20.000,00€.

        b. Io non ho molti soldi, per prendere parte al progetto. _____ solo 2000,00€

    4. ci metto / ci mettiamo / ci vogliono

        a. Guarda, non abbiamo molte cose da fare, _____ pochissimo tempo per finire questo lavoro.

        b. Guarda, in genere per finire questo lavoro _____ due ore, ma io _____ solo un'ora.

    5. molto tempo / ci vogliono / ci hai messo / venti minuti

        a. Ieri, _____ _____ per arrivare in ufficio, perché c'era traffico.

        b. In genere, quando non c'è molto traffico _____ _____.

2. **Leggi le frasi e prova a sostituire le parti in grassetto con i seguenti verbi da coniugare: *riuscirci* - *pensarci* - *crederci*.**

    1. Devo risolvere questo problema, ma da solo non **so come risolverlo** _____. Come faccio?

    2. I bambini devono andare in piscina? Non ti preoccupare **li accompagno** _____ io.

    3. Racconta sempre bugie, non **è vero quello che dice** _____.

    4. Se bisogna comprare qualcosa al supermercato, non ti preoccupare, **lo faccio** _____ io.

    5. La signora è uscita dal negozio con molte borse da portare in macchina, ma da sola non **può portarle** _____.

    6. Molte delle notizie che si leggono sui social sono false. Non **sono vere** _____.

C La particella Ne

1. Leggi i mini-dialoghi e completa gli spazi con le seguenti espressioni:

> ne pensi / ne so qualcosa / ne ho voglia / ne parliamo / ne ho bisogno / ne ho bisogno / ne voglio parlare

1. A: Questi giornali ti servono?
   B: No, grazie. Non _____, li puoi buttare.

2. A: Dimentichiamo quello che è successo.
   B: Sì, lasciamo stare, non _____ più.

3. A: Ti va di venire con noi al cinema? Stasera danno un bel film di avventura.
   B: No, ti ringrazio. Sono un po' stanco, non _____.

4. A: Aiuto! C'è un geco nella mia stanza.
   B: Lascialo stare, tiene lontane le zanzare. Io vivo in campagna e _____

5. A: A qualcuno serve questo foglio? Io non _____.
   B: Ah grazie mille. Mi serve per prendere appunti.

6. A: Ti piace quest'appartamento? Che _____?
   B: È carino, ma prima di comprarlo _____ con mio marito.

2. Leggi e sottolinea in ogni minidialogo l'espressione con il ne sbagliata.

1. A: Ci siamo di nuovo, i bambini si sono messi a giocare a pallone in casa e hanno rotto i vasi di ceramica che avevamo comprato al nostro viaggio di nozze.
   B: Oh mio Dio! Di nuovo. Adesso non ho tempo per <u>saperne</u>. Meglio stasera quando torno dal lavoro.

2. A: Giulia e Paolo si sposano tra due mesi.
   B: Ah davvero! Non ne conoscevo niente, chi te l'ha detto?

3. A: Ah poi, hai più prestato la moka alla vicina di casa?
   B: No, perché non ne vede più bisogno. Mi ha detto che ne avrebbe comprata una da tenere per lei.

4. A: Ti va di venire a cena con i miei colleghi di ufficio?
   B: No, grazie caro, non ne tengo voglia. Ho un po' di mal di testa stasera e preferisco riposare un po'. Grazie dell'invito comunque. Divertitevi!

5. A: Hanno eletto il nuovo Presidente dell'azienda.
   B: Credo che queste elezioni siano state truccate. Non mi aspettavo questo risultato. Che ne rifletti tu?

Ora, per ogni minidialogo, riscrivi qui l'espressione con il ne corretta.

1. *parlarne*
2. _____
3. _____
4. _____
5. _____

perfetto! 2

A Leggi e completa le frasi con il superlativo assoluto corrispondente all'aggettivo indicato, in parentesi.

1. Quest'attività è _____ (facile).
2. La tua idea è _____ (cattivo).
3. I nuovi edifici sono _____ (grande).
4. Le immagini del tuo libro sono _____ (bello).
5. I Sassi di Matera sono _____ (antico).
6. Gli occhiali di John Lenon erano _____ (piccolo).

Tot: _____ /3

B Leggi le frasi e scegli l'espressione corretta.

1. Questo libro non mi piace, è *noiosissimo – interessantissimo*.
2. Claudia è la *migliore – peggiore* della classe. Ha degli ottimi voti.
3. Se vuoi parlare con il direttore, devi salire al piano *inferiore – superiore*.
4. Patrizia è la più anziana, la *minore - maggiore* della famiglia.
5. Questo ristorante è *pessimo – buonissimo*. Si mangia davvero male.
6. Pietro è il più *forte – scarso* della squadra. È davvero un campione.

Tot: _____ /3

C Leggi le frasi e trova i quattro errori.

1. La strada da fare per arrivare in centro è lunchissima. Meglio se prendiamo la macchina.
2. I quadri del Caravaggio sono tra i più rinomati e belli del mondo.
3. L'università degli studi Bologna è la più antica d'Europa.
4. Il segreto del successo sta nell'ottenere un grande risultato, con il pessimo sforzo.
5. Il tuo livello di conoscenza della lingua araba è il più basso della classe.
6. Bravo, hai raggiunto il livello inferiore con un buon punteggio.

Tot: _____ /3

D Leggi le frasi e completa gli spazi con il verbo corretto al Trapassato prossimo.

trovare / fare / rubare / lasciare / fermarsi / bucarsi

1. Quando ho ricevuto la telefonata di mia madre, _____ già _____ il colloquio.

50 cinquanta

TEST 2

2. Stamattina, hanno arrestato i ladri che _____ dei quadri nell'appartamento dei vicini.
3. Prima di andare via, le _____ un mazzo di rose sulla scrivania, ma lei non si è accorta di nulla.
4. Avevano già percorso diversi chilometri e _____ già _____ un paio di volte. All'improvviso, sul ciglio della strada, intravedono un corpo disteso, così si sono fermati per controllare e forse aiutarlo.
5. Non volevo più continuare i miei studi, perché _____ un buon lavoro e guadagnavo abbastanza per potermi sostenere economicamente.
6. Siamo arrivati in ritardo, perché _____ la ruota della macchina e ci eravamo dovuti fermare.

Tot: _____ /3

E Leggi e collega le frasi.

1. Gli zii mi avevano regalato quel gioco,
2. Non avevano portato con loro il navigatore.
3. Prima di entrare nella sala del cinema, ...
4. Non ti ho risposto, ...
5. Si guardava intorno, ma alla fine ha capito ...
6. Sono arrivato, ...

a. perché avevo dimenticato il cellulare in macchina.
b. chi gli aveva dato uno spintone.
c. quando avevo ancora cinque anni.
d. Ecco perché si erano persi.
e. quando la festa ormai era già finita.
f. si erano fermati a comprare due confezioni di popcorn.

Tot: _____ /3

UNITÀ 4-6

F Leggi il racconto e scegli il tempo, al passato, corretto.

Il ragazzo *si era chiamato - si chiamava - si è chiamato* Santiago. Stava cominciando a imbrunire quando è arrivato con il suo gregge davanti a una vecchia chiesa abbandonata. Il tetto *crollava – è crollato - era crollato* da tempo e un enorme sicomoro *cresceva – è cresciuto - era cresciuto* nel luogo dove una volta *sorgeva - è sorto – era sorto* la sacrestia. Aveva deciso di trascorrere la notte in quel luogo, così ha fatto entrare tutte le pecore dalla porta in rovina e poi *metteva - ha messo – aveva messo* alcune tavole di legno per non farle uscire, durante la notte. Non c'erano lupi in quella zona, ma una volta un animale *scappava – è scappato - era scappato* e c'era voluta un'intera giornata per ritrovarlo.

(Testo adattato da L'Alchimista di Paulo Coelho, Bompiani, 2012)

Tot: _____ /3

perfetto! 2

G Leggi le frasi e scrivi il pronome in parentesi nel punto giusto.

1. (mi) Perché _____ hai regalato un anello? _____ lo sai che sono allergica!
2. (ti) Che cosa _____ vuoi da me? _____ ho detto che non ne voglio più sapere di te.
3. (lo) Il libro che mi _____ hanno prestato, non _____ ho ancora restituito.
4. (vi) Lo sapete benissimo che _____ vogliamo _____ bene. Perché ci trattate così?
5. (le) _____ hai visto che cosa hanno fatto Claudio e Piero, a Giulia? _____ hanno nascosto la borsa.
6. (gli) Povere ragazze! Che cosa _____ hanno rubato? Io non _____ ho visto niente.

Tot: _____ /3

H Leggi la barzelletta e completa gli spazi con il pronome corretto.

Un modesto operaio si innamora della figlia unica di un industriale e quindi si presenta dal padre per chieder_____ in sposa. Quando il padre _____ chiede che lavoro fa, il giovanotto risponde: "Sono operaio" e il padre: "Bene, io sono un democratico e il fatto che lei sia operaio e io un industriale non fa differenza, ma vede mia figlia è abituata a un certo tenore di vita. "Lei quanto guadagna al mese?" e lui: "Circa duemila euro." e il padre: "Ma giovanotto, come vuol sposare mia figlia con con uno stipendio così misero! Ma ha idea di quanto _____ fa spendere con tutti i suoi vizi? Duemila euro mia figlia _____ spende in un mese solo in carta igienica! Guardi, io non ce l'ho con lei, anzi _____ è anche molto simpatico, se riuscirà a farsi una posizione _____ prometto che acconsentirò alle nozze tra lei e mia figlia". Il poverino esce dall'ufficio e incontra la sua fidanzata che gli chiede: "Allora cosa ha detto il mio papà? Possiamo sposarci?" e il ragazzo: "Ma va via. Cagona!!!"

(Testo adattato da https://www.barzellette.net)

Tot: _____ /3

I Leggi le frasi e completa gli spazi con il verbo corretto, da coniugare al tempo giusto.

(riuscire / volere / mettere / credere / pensare)

1. Quanto tempo ci _____ per preparare un tiramisù?
2. Io e Stefano ci _____ dieci minuti per sistemare le ruote della macchina. Siamo stati velocissimi!
3. Chissà quanto tempo ci _____ Leonardo Da Vinci a dipingere la Gioconda!
4. Secondo alcuni studiosi, ascoltare musica aiuterebbe a curare il cancro. Io non ci _____.
5. Se non hai abbastanza tempo, per prenderti cura dei tuoi figli, non ti preoccupare, a loro ci _____ io e Claudia.
6. Troppo difficile questo problema. Non ci _____.

Tot: _____ /3

TEST 2

L Leggi e collega le frasi.

1. Oggi non vengo in palestra con voi. Sono stanca e…
2. Questi pezzi di giornale li puoi buttare
3. Ti è piaciuta la commedia?
4. Adesso non ho tempo per queste cose.
5. Se vuoi avere notizie di Giulia… Non la vedo da molto tempo.
6. Che cosa è successo? Ti vedo un po' nervosa.

a. Non ne so niente.
b. Ti va di parlarne?
c. non ne ho voglia.
d. Ne parliamo più tardi.
e. Che ne pensi?
f. non ne ho più bisogno.

Tot: _____ /3

UNITÀ 4-6

Calcolo punteggio
- A… L: 2 errori = -1

Tot: _____ /30

7 Imperativo indiretto (Lei)

A La coniugazione

1. Completa la tabella con la coniugazione corretta, come mostra l'esempio.

INFINITO	Imperativo diretto TU	Imperativo indiretto LEI
lavorare		
avere		
inviare		
scrivere		
fare		
venire		
scusare		
prendere		
scendere		
salire		
guardare		
essere		
dire		
andare		
dare	da'	dia

prendi – prenda
va' – vada
sii – sia
invii – invia
dia – da'
scrivi – scriva
faccia – fa'
vieni – venga
lavori – lavora
scusi – scusa
scenda – scendi
sali – salga
guardi – guarda
abbia – abbi
dica – di'

2. Leggi le frasi e completa gli spazi con il verbo corretto all'Imperativo Lei: *avere / dire / dare / venire / prendere / guardare*.

   1. Prego, _____venga_____ con me, La accompagno io.
   2. Signorina, _____ pazienza e aspetti qui l'avvocato.
   3. Mi scusi, non ce la faccio da sola. Mi _____ una mano, per favore.
   4. _____ dottoressa, il fascicolo che sta cercando è proprio lì davanti ai suoi occhi, sul terzo scaffale.
   5. Signorina, _____ un appuntamento con l'ingegnere Esposito, domani alle 17:00.
   6. Ingegnere, mi voleva parlare? _____ pure!

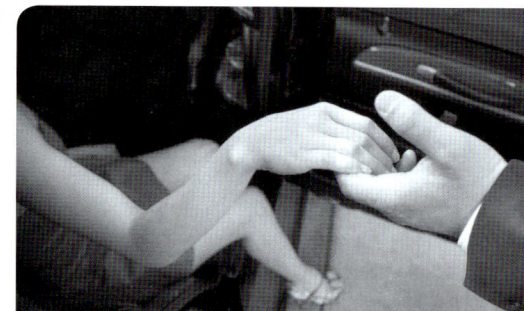

54   cinquantaquattro

prima parte

3. Trasforma le frasi dal registro informale TU al registro formale LEI. Attenzione anche agli altri tempi e modi verbali e ai pronomi! Riscrivi la frase con il Lei.

1. Tu: Scusa, metti i calici al loro posto.
   Lei: _Scusi, metta i calici al loro posto._

2. Tu: Sii gentile, mi aiuti a portare le borse della spesa?
   Lei: _____.

3. Tu: Vai al piano superiore e prendi i documenti che ti servono.
   Lei: _____.

4. Tu: Fai quello che vuoi.
   Lei: _____.

5. Tu: Dormi un po' e riposa per un paio di giorni.
   Lei: _____.

6. Tu: Entra pure, ti stanno aspettando.
   Lei: _____.

B Funzioni

1. Leggi le frasi e prova ad indicare, per ogni situazione, la foto corrispondente.

   1. Favorisca i documenti: patente e libretto.
   2. Giri a sinistra e poi vada dritto fino alla prima rotonda.
   3. Metta questa fascia sulla ferita per bloccare la fuoriuscita di sangue.
   4. Ritiri il biglietto allo sportello e poi venga di nuovo qui a prendere il traghetto.
   5. Metta una firma qui!
   6. Prenda queste pillole due volte al giorno, prima dei pasti.

 A.
 B.
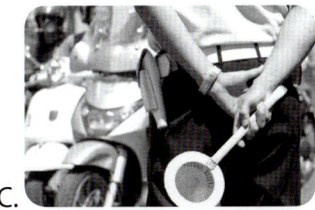 C.
 D.
 E.
 F.

7 Imperativo indiretto (Lei)

2. Leggi le frasi e indica per ognuna la funzione giusta:

A. Invitare
B. Chiedere in modo gentile
C. Dare istruzioni
D. Ordinare

1. Mi dia una mano per favore!
2. Prego, cominci a mangiare!
3. Chiuda la finestra, per favore.
4. Metta il tavolo al centro della stanza e poi le sedie le disponga intorno!
5. Faccia come le dico!
6. Venga, entri pure!

C La forma negativa

1. Guarda le foto e prova a consigliare le cose da non fare, come mostra l'**esempio**, con i verbi all'Imperativo Lei.

1. *Non mangi troppi dolci* .
2. _____ .
3. _____ .
4. _____ .
5. _____ .
6. _____ .

2. Leggi le frasi e completa il cruciverba con i verbi corretti. Poi inserisci i verbi nelle frasi.

1 (orizzontale)
Non _____ fastidio, per favore. Vorrei riposare un po'.

1 (verticale)
Non _____ stupidaggini, si informi prima di parlare.

2 (orizzontale)
Alla visita settimanale, non _____ più il venerdì. Per lei andrebbe bene il lunedì?

3 (verticale)
Per favore, non _____ le risposte prima di fare gli esercizi.

4 (orizzontale)
Non mi _____ ridere. Lei non sa quello che dice.

5 (orizzontale)
Non _____ sempre da solo, esca e faccia un po' di vita sociale.

prima parte

D L'imperativo indiretto Lei con i pronomi.

1. Completa la tabella con le forme dell'Imperativo Lei e con i pronomi, nel posto giusto.

Frase con l'Imperativo Tu	L'Imperativo Tu con **i pronomi**	L'Imperativo Lei con **i pronomi**
Non dire **le bugie**.	Non **le** dire. Non dir**le**.	Non **le** dica.
Non giudicare **me**.	Non **mi** giudicare. Non giudicar**mi**.	
Chiama **il medico**.	Chiama**lo**!	
Ascolta **la canzone**.	Ascolta**la**!	
Non mandare i file **a Giulia**.	Non **le** mandare i file. Non mandar**le** i file.	
Non telefonare **all'ingegnere**.	Non **gli** telefonare. Non telefonar**gli**.	

2. Leggi e riscrivi, con i pronomi corretti, solo le frasi con le ripetizioni, come mostra l'*esempio*.

   1. L'avvocato sta arrivando, *prepari* i documenti **all'avvocato**.
   2. *Lasci* il fascicolo sul tavolo.
   3. Questo libro è molto interessante. *Legga* questo libro, Le piacerà sicuramente.
   4. I signori sono appena arrivati. *Accompagni* i signori nelle loro camere.
   5. *Faccia* quello che Le dicono, senza troppe storie.
   6. La signorina ha bisogno di aiuto, *mostri* alla signorina come compilare il modulo.

   L'avvocato sta arrivando, gli *prepari* i documenti.

   _____

   _____

3. Leggi il testo che la direttrice invia ad un suo dipendente e indica l'espressione corretta.

SCRIVI MAIL

Buongiorno!
Oggi ho trovato stranamente sulla mia scrivania delle rose rosse. A cosa devo tanta gentilezza e tanto romanticismo? *Ricordasi / Non si ricordi / Si ricordi* che qui in ufficio io sono la Sua direttrice e non accetto questo tipo di comportamento. Pertanto appena avrà letto questa mail, *non venire / venga / non venga* nel mio ufficio, *non prenda / prenda / non prendere* le rose e *le sposti / non le sposti / spostale* altrove. Oggi è una giornata piena di impegni: *non si dimentichi / si dimentichi / non ti dimenticare* di fissare la riunione alle 11:00 di domani con l'avvocato Masini. I contratti firmati dove sono? *Non mi dica / Mi dica / Dimmi* che ha dimenticato di portarmeli in ufficio stamattina? *Non facciami / Mi faccia / Non mi faccia* aspettare troppo, ho bisogno di quei documenti tra dieci minuti. Se il dottor De Caroli Le chiede di fare delle commissioni per lui, *non lo stia / lo stia / non starlo* a sentire, oggi Lei deve essere a mia disposizione per tutta la giornata. Mi raccomando, stasera Lei deve essere l'ultimo a lasciare quest'ufficio *non se ne vada / se ne vada / vattene* prima di me.

A proposito caro, portami i fiori a casa, ti aspetto per la cena.
A dopo tesoro!

8 Condizionale composto

A Riscrivi le frasi, con le parti in grassetto al <u>condizionale composto</u>.

1. **Volevo andare** al cinema con i miei amici, ma avevo molto da fare.
   <u>Sarei andato</u> al cinema con i miei amici, ma avevo molto da fare.

2. **Volevate comprare** una nuova macchina, ma poi avete riparato quella vecchia.
   _____.

3. **Volevamo uscire** prima dall'ufficio, ma non ce l'abbiamo fatta.
   _____.

4. **Volevi venire** anche tu al concerto, ma alla fine hai cambiato idea.
   _____.

5. **Volevano studiare** un po' di più per superare un esame così difficile, ma poi li abbiamo convinti ad uscire con noi.
   _____.

6. **Voleva partire** ieri sera, ma ha avuto un imprevisto.
   _____.

7. **Volevamo prendere** volentieri un aperitivo, prima di andare in pizzeria, ma non c'era tempo.
   _____.

8. **Volevo trasferirmi** in Australia, ma poi ho conosciuto Giulia e sono rimasto qui.
   _____.

B Leggi i testi e fai i compiti indicati.

1. Leggi il testo e coniuga i verbi al condizionale composto.

   Secondo alcune testimonianze, i due ladri _____ (entrare) in casa, mentre tutti dormivano. Uno _____ (rubare) dei quadri costosi e dei vasi pregiati, mentre l'altro _____ (tenere) a bada e controllato gli abitanti della casa. Le persone che dormivano non _____ (accorgersi) di nulla, perché i ladri _____ (spruzzare) nelle stanze un sonnifero molto potente.

2. Leggi il testo e completalo con i seguenti verbi: *avrebbe ucciso / avrebbe aperto / sarebbe rientrato / si sarebbe recato / avrebbe fatto / si sarebbe buttato*.

   Secondo i giornalisti l'uomo _____ uso di alcol e di sostanze stupefacenti. _____ in casa dopo la mezzanotte e _____ la moglie, nel sonno. Poi _____ nella stanza dei bambini, _____ la finestra e _____ giù.

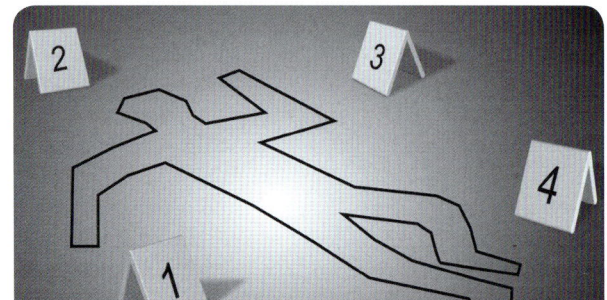

58 cinquantotto

prima parte

3. Leggi il testo e indica il verbo corretto.

Secondo la dinamica dell'incidente, l'autista dell'autobus *avrebbe perso / avrebbe avuto* il controllo a causa di un colpo di sonno. I viaggiatori *avrebbero capito / avrebbero cercato* di soccorrere l'autista, ma il veicolo sbandava troppo e non *avrebbero potuto / sarebbero riusciti* a raggiungere in tempo il volante per riportare l'autobus in carreggiata. Il veicolo *avrebbe fatto / sarebbe caduto* un volo di 50 metri, si sarebbe ribaltato e *avrebbe fatto / avrebbe causato* la morte di tutti i passeggeri.

C 1. Leggi l'oroscopo.

A: Che cosa dice l'oroscopo di questo mese?

B: <u>Leone</u>, <u>diventerai ricco</u> entro la fine di questo mese. <u>Scorpione</u>, <u>incontrerai la tua anima gemella</u>. <u>Sagittario</u>, dopo molti tentativi vani, <u>vincerai abbastanza soldi al lotto, per una vacanza</u> rilassante e lontano dallo stress. <u>Gemelli</u>, periodo di tensione <u>con il partner</u>, <u>ma riuscirai a fare la pace</u>. <u>Ariete</u>, novità professionale, ***ti trasferirai all'estero per un nuovo lavoro***. <u>Bilancia</u>, qualche piccolo problema di salute dovuto allo stress, ma con una sana alimentazione e un po' di sport <u>ti sentirai subito meglio</u>.

2. Dopo un mese. Qual è la situazione? Leggi le frasi e completa gli spazi con le frasi corrette, come mostra l'esempio.

Un mese fa l'oroscopo ha detto che…

(__Ariete__) __si sarebbe trasferito all'estero per un nuovo lavoro__ .

Purtroppo ha perso anche quello che aveva. Si ricomincia con l'invio del curriculum.

(__Scorpione__) _____, ma è

ancora solo come un cane. Meglio solo che male accompagnato.

(__Bilancia__) _____.

Purtroppo è in ospedale, in fin di vita.

(__Gemelli__) _____.

Il suo partner è scappato con un'altra. Che sfiga!

(__Sagittario__) _____.

Purtroppo è ancora al verde. Meglio così, si è risparmiato la fatica di preparare le valigie.

(__Leone__) _____.

Purtroppo è diventato povero e adesso dorme sotto i ponti della città.

8 Condizionale composto

D Leggi l'articolo e prova a indicare le parti che sono presenti (Sì) e le parti che non sono presenti (No).

Oltre 2.500 euro al mese (2.577, per l'esattezza) di paghetta. Sarebbe la richiesta di una 26enne di Pordenone che avrebbe denunciato il padre, «colpevole» di darle una paghetta di soli venti euro al mese. Impossibile, sostiene la giovane, pagare università, bollette, alloggio e medicinali con questo budget ristretto. Senza contare svaghi e vacanze, quantificati rispettivamente in 400 euro al mese e mille euro all'anno. La ragazza, lista di conti alla mano, si sarebbe presentata davanti al tribunale di Pordenone dopo che il genitore le avrebbe tagliato i fondi. Una punizione per essere rimasta indietro con gli esami della triennale che lei, fuoricorso, non avrebbe ancora terminato.

I giudici hanno comunque dato ragione alla figlia sia nel primo grado che dopo l'appello del padre. Ma avrebbero ridotto la paghetta: l'assegno mensile che il genitore dovrebbe versare sarà pari a 500 euro al mese e coprirà «le spese personalissime e ludico-ricreative, anche straordinarie» fino al 30 giugno come scrive il Messaggero Veneto. La corte avrebbe fatto notare che la figlia non si è impegnata né nello studio né nel lavoro. Per questo da un lato i giudici le avrebbero dato ragione, dall'altra avrebbero riconosciuto il diritto del padre ad educarla e quindi hanno deciso di ridurre il totale dell'assegno.

(Testo adattato dall'articolo di Greta Sclaunich, Corriere della Sera, 6/09/2017 https://www.corriere.it/cronache/17_settembre_06/26enne-fa-causa-padre-paghetta-bassa-non-mi-mantiene-vince-2bca1ba8-92f7-11e7-a8ea-58c09844946a.shtml)

	Sì	No
1. La studentessa univesitaria si sarebbe lamentata della paga mensile.	☐	☐
2. Il divorzio tra i genitori avrebbe contribuito ad allontanare il padre dalla figlia.	☐	☐
3. Sono molte le spese che la studentessa deve pagare ogni mese.	☐	☐
4. La ragazza sottolinea che il padre non avrebbe problemi finanziari.	☐	☐
5. Il padre avrebbe deciso di tagliare di molto la quota della paghetta, a causa dello scarso rendimento della figlia all'università.	☐	☐
6. Alla fine la figlia ha vinto la causa.	☐	☐
7. La corte avrebbe deciso di ridurre la quota che aveva richiesto la studentessa.	☐	☐

prima parte

8. Padre e figlia vivrebbero sotto lo stesso tetto.
9. La paga che ha richiesto la studentessa va oltre le possibilità economiche del padre.

E Condizionale Semplice o Composto?

1. *Prestare*
   a. Per favore, mi (tu) _____ 50,00 euro?
   b. Ti (io) _____ volentieri 50,00 euro, ma purtroppo non avevo abbastanza soldi con me.

2. *Dare*
   a. Gli (io) _____ volentieri una mano, ma avevo un appuntamento con il direttore.
   b. Mi (tu) _____ una mano, gentilmente?

3. *Giocare*
   a. (Claudia e Patrizia) _____ con i bambini, mentre io preparo la cena?
   b. (Io e Paolo) _____ ancora una volta, ma non avevamo abbastanza soldi con noi.

4. *Partecipare*
   a. Senza di te io non _____ a quel gioco.
   b. _____ al gioco con me?

5. *Finire*
   a. (Gli invitati) _____ le bottiglie di vino, ma erano troppo ubriachi.
   b. (tu) Questa storia non ha un finale. Come la _____?

6. *Prendere*
   a. (Tu e Federico) _____ un po' di cose al supermercato, anche per noi?
   b. (I ladri) _____ anche i quadri, ma per fortuna siamo arrivati in tempo.

sessantuno 61

9 Pronomi combinati

A 1. Leggi le frasi e sottolinea i <u>pronomi combinati</u>.

1. Chi <u>te l'</u>ha detto che domani i treni non circolano, a causa dello sciopero?
2. Gli indirizzi di Marco e Giulia ve li avevo già scritti su Whatsapp, vero?
3. Le mozzarelle di Napoli sono buonissime. Ce le portano spesso Gennaro e Matteo, quando vengono a trovarci.
4. Se vai a casa di Paolo, i libri che mi ha prestato, glieli puoi restituire tu?
5. Non ho più la Fiat 500L, me l'hanno sequestrata.
6. Se gli studenti non hanno ancora capito l'uso dei pronomi, glielo rispiego io.

2. Ora inserisci i pronomi combinati dell'attività 1, nella casella corretta della tabella.

Pronomi diretti / **Pronomi indiretti**	<u>lo</u>	<u>la</u>	<u>li</u>	<u>le</u>	<u>ne</u>
mi	me <u>lo</u>	———	me <u>li</u>	me <u>le</u>	me <u>ne</u>
ti	te l'	te <u>la</u>	te <u>li</u>	te <u>le</u>	te <u>ne</u>
gli/le/Le	glie<u>lo</u>	glie<u>la</u>	———	glie<u>le</u>	glie<u>ne</u>
ci	ce <u>lo</u>	ce <u>la</u>	ce <u>li</u>	———	ce <u>ne</u>
vi	ve <u>lo</u>	ve <u>la</u>		ve <u>le</u>	ve <u>ne</u>
gli	———	glie<u>la</u>	glie<u>li</u>	glie<u>le</u>	glie<u>ne</u>

B Collega le domande alle risposte. Attenzione agli intrusi!

1. Chi vi ha inviato questi pacchi?
2. Chi ti ha inviato il messaggio?
3. Quando gli hanno ritirato la patente?
4. Quando ti hanno ritirato il passaporto?
5. Vi hanno restituito i soldi?
6. Gli ha restituito i cappelli?

a. No, non ve li hanno ancora restituiti.
b. Gliel'hanno ritirata la settimana scorsa.
c. Me l'hanno ritirato un anno fa.
d. Ce li ha inviati Amazon.
e. Me l'ha inviato la mia ragazza.
f. No, non ce li hanno restituiti ancora.
g. No, non glieli ha ancora restituiti.
h. Te l'hanno sequestrato tre mesi fa.

prima parte

C 1. Completa ogni frase con l'espressione corretta:

ce li hanno spiegati / me ne hanno parlato / ve li presto / te le posso stirare / te ne posso dare / me l'ha regalata

1. Questa è una collana con delle pietre preziose, _____ il nonno.
2. Se vuoi, le magliette _____ io.
3. Di biglietti gratis, per il concerto, _____ solo due.
4. Questi pronomi _____ mille volte, ma non li abbiamo ancora capiti.
5. Se vi servono i soldi, _____ io.
6. Di questo progetto, _____ dei colleghi.

2. A cosa si riferiscono i pronomi combinati dell'attività 1?

Ora rileggi le frasi dell'attività 1 e inserisci ogni espressione (pronomi combinati e verbi) nella casella che corrisponde agli oggetti <u>diretti</u> e *indiretti*, come mostra l'esempio.

ce <u>li</u> hanno spiegati / **ve** <u>li</u> presto / **te** <u>le</u> posso stirare / **te** <u>ne</u> posso dare / ***me** l'ha regalata*

Oggetto <u>diretto</u> Oggetto *indiretto*	i pronomi	i biglietti	le magliette	la collana	i soldi
a me				me l'ha regalata	
a te					
a noi					
a voi					

D Leggi i mini-dialoghi e completa le battute B, con i pronomi combinati corretti.

1. A: Quanti euro ti hanno chiesto per l'iscrizione in palestra?
   B: _____ hanno chiesti 50,00 €.
2. A: Chi gli ha detto la verità?
   B: _____ ha detta la sorella.
3. A: Quando ci hai preparato la parmigiana di melanzane?
   B: _____ ho preparata ieri sera.
4. A: Chi vi ha presentato il mio ragazzo?
   B: _____ ha presentato tuo padre.
5. A: Chi gli racconta quello che è successo?
   B: _____ raccontiamo noi.
6. A: Queste sono le bottiglie di amaro, che abbiamo comprato a Ischia.
   B: _____ regali una?

9 Pronomi combinati

E Riscrivi le frasi con i pronomi combinati, nella posizione giusta. Attenzione al verbo che cambia!

1. I soldi che ti ho prestato non hai ancora restituito *i soldi* **a me**.
   I soldi che ti ho prestato non me li hai ancora restituiti.

2. Ha fatto le fotografie, ma non ha ancora mostrato *le fotografie* **a noi**.
   _____.

3. A loro piace molto l'arte. Se hai finito il quadro, fai vedere *il quadro* **a loro**.
   _____.

4. Giulia ha bisogno di un po' di latte. Se vai a comprarlo al supermercato, porti un litro *di latte* **a lei**, per favore?
   _____.

5. Signorina, il direttore sta aspettando il contratto. Appena il cliente lo firma, porti *il contratto* **al direttore**.
   _____.

6. Questi soldi sono miei, dai *i soldi* **a me**.
   _____.

F Presente Indicativo o Imperativo? Completa gli spazi con il verbo al tempo e modo corretti e con i pronomi combinati.

1. A: Le foto *te le mostro* adesso?
   B: No, _____*mostramele*_____ dopo pranzo.

2. A: Di pillole gliene do due. Gli bastano?
   B: No, _____ tre.

3. A: I biglietti per il teatro _____ adesso?
   B: No, portameli domani.

4. A: Quelle informazioni Gliele faccio avere per il fine settimana?
   B: Troppo tardi. _____ avere entro domani.

5. A: Le casse per il computer _____ adesso?
   B: No, tienile pure. Dammele quando non ti servono più.

6. A: Di pizze me ne faccio fare tre?
   B: _____ fare quattro.

Ora prova anche tu a fare degli esempi con il Presente Indicativo, l'Imperativo e i pronomi combinati.

prima parte

G Leggi queste parti del testo e sottolinea i pronomi combinati, come mostra l'esempio.

1. io **gliel**'ho preparato lo stesso...
2. Ma gliel'ho detto cento volte e mia moglie continua a metterci il salame!
3. se tutte le mattine i panini se li preparava lui!".
4. "Anch'io sono stata una stupida... me l'aveva detto che non voleva il formaggio...
5. sono sposato da vent'anni e mia moglie ancora me lo prepara.
6. Mi fa cagare la mortadella... eppure ogni giorno me la ritrovo nel panino.

Ora leggi e completa la barzelletta con le parti che mancano (1, 2, 3...).

Sul tetto del carcere di S. Vittore fanno la guardia un finanziere, un poliziotto e un carabiniere.
All'ora di pranzo il finanziere apre la borsa e prende un panino: "Porca miseria! (_____) Lo sa che non mi piace! Giuro che se domani trovo ancora del salame mi butto di sotto".
Tocca al poliziotto: "Cavolo! Ancora formaggio, sempre formaggio, sono allergico, mi riempio di bolle... (_____). Se domani non trovo qualcos'altro mi butto anch'io di sotto".
Ed ora il carabiniere: "Mortadella... un panino con la mortadella!! (_____) Se continua così mi butto di sotto".
Il giorno dopo il finanziere: "Argh! Panino al salame... non ne posso più" e si butta.
Il poliziotto: "Noooo... formaggio... mi butto, basta!".
Il carabiniere: "Ancora mortadella..." e anche lui si butta giù dal tetto.
Ai funerali la moglie del finanziere disperata: "Oh, Dio, non ho prestato abbastanza attenzione... sono disperata!".
Anche la moglie del poliziotto è in lacrime: (_____) ma (_____) ... avrò rimorso per tutta la vita".
E la moglie del carabiniere: "Ma io cosa ci potevo fare (_____).

(Adattato da: http://www.fuoriditesta.it/barzellette/carabinieri.html)

Ora prova a dire chi è stato il più ingenuo: il finanziere, il carabiniere o il poliziotto? Perché?

perfetto! 2

A Leggi e collega le frasi.

1. Per bere alcolici bisogna essere maggiorenni, ...
2. Signorina, non guardi sul foglio...
3. Mi stia a sentire. Io non ho nessuna intenzione...
4. Faccia attenzione ai farmaci che prende, ...
5. La signora De Meo ha un appuntamento con me.
6. Mi raccomando, Adelina, la mamma non può mangiare dolci.

a. potrebbero farle male.
b. La faccia accomodare.
c. dei suoi colleghi durante l'esame.
d. Non le prepari niente di dolce, da mangiare.
e. di ascoltare le sue lamentele.
f. mi dia i documenti, per favore!

Tot: _____ /3

B Leggi le frasi e completa gli spazi con i verbi corretti all'Imperativo Tu o Lei:

dare / portare / scrivere / fare / accompagnare / stare

1. Per favore, avvocato mi _____ su un foglio tutti i documenti che Le devo portare.
2. _____ mmi un favore. Per lo spettacolo di domani, potresti prendere un biglietto anche per me?
3. Non si preoccupi, _____ pure la chiave dell'albergo con sé.
4. È una pazza, non sa quello che dice. Lei non La _____ a sentire.
5. _____ lle una mano, non ce la fa con tutte quelle borse.
6. Mi _____ all'aeroporto, grazie!

Tot: _____ /3

C Leggi le frasi e completa gli spazi con la forma corretta.

1. Signorina, questi fogli non servono più, _____ pure.
   a. non li butti
   b. li butti
   c. buttali

2. Professore, _____ l'ultimo foglio e metta una sigla del suo nome su ogni foglio del contratto.
   a. non firmare
   b. li firmi
   c. firmi

TEST 3

3. Guardi, per arrivare alle poste, giri a sinistra e poi _____ la seconda traversa a destra. L'ufficio postale è sulla sinistra.
   a. prenda
   b. prendi
   c. non la prenda

4. Prego, _____ pure a esporre il suo progetto. Alla fine, la commissione farà le sue osservazioni e obiezioni.
   a. comincia
   b. non cominci
   c. cominci

5. (In commissariato) La prego, _____ perdere la pazienza. Se non collabora, La sbatto in prigione.
   a. non faccia
   b. mi faccia
   c. non mi faccia

6. Stia attenta, pulisca bene questi vetri e _____ neanche una macchia.
   a. lasci
   b. non lasci
   c. la lasci

Tot: _____ /6

UNITÀ 6-9

D Leggi le frasi e completa gli spazi con il verbo corretto, al Condizionale Composto.

presentarsi / fare / svegliarsi / mangiare / rimanere / finire

1. _____ volentieri una pizza con i nostri amici, ma non avevamo molta fame.
2. Non avevano più la forza di camminare, ma _____ di tutto per raggiungere quel villaggio, a piedi o con qualsiasi altro mezzo.
3. _____ ancora un po' a giocare con i miei figli, ma purtroppo dovevo consegnare il progetto per il giorno dopo, il lavoro mi aspettava.
4. La sorella dormiva e lui con molta attenzione è entrato in punta di piedi senza far rumore, altrimenti lei _____.
5. Claudia ha detto che non _____ all'esame, perché non si sentiva pronta.
6. Non pensavo che tu _____ gli studi così presto.

Tot: _____ /3

E) Leggi l'articolo e indica le affermazioni che sono presenti (Sì) e che non sono presenti (No) nell'articolo.

Bambina di 10 anni salva grazie al cane Sarotti!

La casa, ad Amatrice, era completamente distrutta dal terremoto. Sotto le macerie c'era però qualcuno che sperava di essere salvato. Lì sotto c'era una bambina di dieci anni. Secondo alcune delle persone intervistate, la avrebbe salvata un eroe molto speciale. Sarotti un Pastore Tedesco che sarebbe intervenuto sul posto insieme al suo conduttore, l'assistente di polizia Davide Agrestini, 34 anni, del Centro Cinofilo di Ladispoli. Insieme sarebbero entrati nel paese, perché i soccorritori li avrebbero chiamati per cercare delle persone in una casa crollata. Il cane si sarebbe subito diretto in un punto e avrebbe iniziato ad abbaiare. Appena hanno cominciato a scavare, dopo qualche minuto sarebbero affiorati un pigiama e la spalla della bambina che si sarebbe salvata grazie al loro intervento.

(Testo adattato dall'articolo di Fulvio Cerutti, La Stampa, 26/08/2016, https://www.lastampa.it/la-zampa/cani/2016/08/26/news/terremoto-ad-amatrice-bimba-di-10-anni-salva-grazie-al-cane-poliziotto-sarotti-1.34825704)

	Sì	No
1. Sotto la casa crollata c'erano molte persone ferite.	☐	☐
2. La bambina era sotto le macerie di una casa crollata a causa del terremoto.	☐	☐
3. Alcuni testimoni erano presenti durante il salvataggio della bambina.	☐	☐
4. Sarotti e Davide hanno salvato anche altre persone.	☐	☐
5. Il cane ha sentito delle grida e si è diretto subito sul punto dove era la bambina.	☐	☐
6. Dopo i primi tentativi, avrebbero visto subito i primi indizi della presenza di una vita umana.	☐	☐

Tot: _____ /6

F) Semplice o Composto? Leggi le frasi e indica il tempo corretto del Condizionale.

1. Al posto tuo *sarei stato - starei* più attento a non dire parolacce in presenza di bambini. I genitori si potrebbero lamentare.
2. *Saremmo rimasti – Rimarremo* fino alla fine della cerimonia, ma purtroppo i bambini erano stanchi e si sono addormentati.
3. Mi *avreste dato - dareste* una mano a lavare i piatti? Purtroppo la lavastoviglie si è rotta e devo fare tutto a mano.
4. Scusa, gentilmente mi *avresti tradotto - tradurresti* queste frasi in italiano?
5. Aveva già visto la commedia, altrimenti *sarebbe venuto – verrebbe* anche lui.
6. *Avresti fatto – Faresti* davvero tutto quello che volevo?

Tot: _____ /3

TEST 3

G Leggi le frasi e sottolinea l'espressione in corsivo, corretta.

1. *Te l'* – *Gliel'* ho dato io il mio libro o l'hai preso da solo?
2. Perché siete venuti in questo ristorante? *Ce l'* - *Ve l'* ha consigliato qualcuno?
3. Qui ci sono fogli e penne a vostra disposizione. Prendetene pure quanti *te ne* - *ve ne* servono.
4. Questi soldi sono miei. *Dammeli* – *Dacceli!*
5. Signora, questa ricetta è scaduta, *se ne* - *gliela* faccia fare una nuova dal medico curante.
6. Signorina, quei documenti *me li* – *se li* faccia trovare pronti, domani mattina, sulla mia scrivania.

Tot: _____ /3

H Leggi i mini-dialoghi e completa gli spazi con i pronomi combinati corretti.

1. (Al telefono)
A: Pronto, chi parla?
B: Buongiorno sono l'avvocato, posso parlare con mia moglie?
A: Certo avvocato. Un attimo, _____ passo subito.

2.
A: Le scarpe nuove non le trovo più.
B: Guarda bene, _____ ho messe nella scarpiera.

3.
A: Due settimane fa ho acquistato un prodotto su e-bay e non _____ hanno ancora consegnato.
B: Hai provato a contattarli con un messaggio, sul loro sito?

4.
A: Vi hanno consegnato la macchina che vi hanno sequestrato la settimana scorsa?
B: Non ancora, _____ restituiscono tra due giorni. L'hanno trattenuta per fare dei controlli.

5.
A: I fondi per cominciare il progetto quando _____ mandano?
B: Dovete avere pazienza, purtroppo per queste cose ci vuole tempo. Siamo in Italia.

6.
A: Ragazzi, le chiavi della macchina _____ ho lasciate all'ingresso, sotto lo specchio.
B: Grazie mille, mamma.

Tot: _____ /3

Calcolo punteggio
- Attività: A-B-D-F-G-H: 2 errori = -1
- Attività C-E: 1 errore = -1

Tot: _____ /30

UNITÀ 6-9

perfetto! 2

10 Futuro semplice e Futuro anteriore

A Collega le frasi e completa con i verbi al Futuro Semplice.

1. Quando ___verrete___ (voi-venire) a casa nostra... [e]
2. Dove _____ (tu- andare)... [ ]
3. Hai deciso che cosa _____ (tu-fare)? [ ]
4. Purtroppo le analisi del sangue non sono uscite bene... [ ]
5. Giulia non _____ (potere) venire con noi... [ ]
6. Se non vengono con noi,... [ ]
7. Non ti preoccupare i ragazzi non _____ (rimanere) da soli,... [ ]
8. Chi non _____ (avere) con sé i documenti compilati e firmati... [ ]

a. non _____ (vedere) lo spettacolo di nostra figlia.
b. _____ (venire) con noi o _____ (rimanere) a casa?
c. e quindi _____ (dovere) farne altre per sicurezza.
d. con loro _____ (esserci) anche i nonni.
e. a fare due chiacchiere?
f. non _____ (potere) partecipare al concorso.
g. perché deve studiare.
h. in vacanza, quest'anno?

B Funzioni

1. Leggi le frasi e prova ad indicare, per ogni funzione, la frase e il verbo, come mostra l'**esempio**.

   1. L'anno prossimo **comincerò** l'università.
   2. Questo tempo è un po' incerto, forse domani pioverà.
   3. Felice non lo conosco bene, avrà più o meno quarantacinque anni.
   4. Partiremo molto presto per non trovare traffico e molto probabilmente arriveremo in orario.
   5. Visiteremo prima la Basilica e poi pranzeremo al ristorante Bella Roma.
   6. Alla fine di quest'anno ci trasferiremo in India.

   Programma: _____.
   Progetto: _1 comincerò_____.
   Ipotesi, supposizione: _____.
   Previsione: _____.

2. Per ogni <u>funzione</u>, costruisci le frasi e coniuga i verbi al Futuro Semplice.

   - Verbi: (noi) fare, lasciare, **arrivare**
   - Parole: **in albergo**, - in città - e - le valigie - un giro

   Programma: _Arriveremo in albergo_____.

- Verbi: finire, partire, visitare
- Parole: e - l'università, - all'estero. - per l'Europa - i miei amici - Quando

Progetto: _____.

- Verbi: superare
- Parole: l'esame - senza problemi. - preparata, - è molto - Paola

Previsione: _____.

- Verbi: stare combinando
- Parole: i bambini. - sento - qualche - Non - guaio.

Supposizione: _____.

C

1. Leggi le frasi e sottolinea le forme del verbo al Futuro anteriore.

1. Quando avrete bevuto questa nuova birra artigianale, mi direte cosa ne pensate.
2. Appena avremo trovato un nuovo lavoro, potremo cominciare a pensare al matrimonio.
3. Quando vi sarete sposati, capirete cosa significa avere una famiglia.
4. Dopo che avrai fatto quello che ti ho chiesto, ti dirò cosa mi ha detto Giulia.
5. Quando ti sarai reso conto di quello che hai fatto, capirai i tuoi errori.
6. Appena si sarà svegliata, mi chiamerà.

2. Completa le frasi con i verbi al Futuro anteriore, come mostra l'esempio.

1. Dopo che ___avrà bevuto___ (lui-bere) il caffè, fumerà una sigaretta.
2. Dopo che _____ (voi-guardare) il film, telefonerete a Rosalba.
3. *Quando* Giulio e Sara _____ (dare) gli esami, andranno in vacanza.
4. *Appena* _____ (parlare) con lui, prenderemo una decisione.
5. *Dopo che* _____ (ascoltare) con attenzione, potrai esprimere la tua opinione.
6. *Appena* Caterina _____ (finire) di mangiare, laverà i piatti.
7. Non ti preoccupare, Carlo, aspetta un po'! *Quando* _____ (scegliere) il modello che voglio, chiederò il prezzo.

10 Futuro semplice e Futuro anteriore

3. Leggi le frasi e sostituisci il futuro semplice con il futuro anteriore, solo dove è possibile, come mostra l'esempio.

   1. Quando **arriverò** _sarò arrivato_ a casa, ti **farò** _x_ uno squillo.
   2. Appena **finirà** _____ l'università, **partirà** _____ per l'estero.
   3. Ti **parlerò** _____, quando mi **chiederai** _____ scusa.
   4. Ti **mostreremo** _____ questo lavoro, appena lo **finiremo** _____.
   5. Dopo che **scriverai** _____ l'articolo, lo **leggerò** _____.
   6. Ci **chiameranno** _____, quando **prepareranno** _____ il pranzo.

4. Leggi i mini-dialoghi e completali con la supposizione giusta, al Futuro anteriore. Usa il verbo corretto:

   > essere / **prendere** / terminare / esserci / prendere / mettere

   1. A: Come mai Giulia non era sull'autobus con noi?
      B: _Avrà preso_ quello delle 7:00.
   2. A: Perché papà è rientrato prima dall'ufficio?
      B: Probabilmente _____ prima le cose da fare.
   3. A: Chi ha preso a morsi il divano?
      B: _____ Jack, il cane.
   4. A: Perché le mie scarpe non sono sotto il letto?
      B: La mamma le _____ nella scarpiera, quando ha pulito la tua stanza.
   5. A: Quante persone c'erano ieri al concerto?
      B: _____ almeno 100.000 persone.
   6. A: Dov'è la mia macchina?
      B: Forse l'_____ tuo fratello, per andare all'università.

5. Leggi le situazioni e, per ognuna, scrivi una supposizione con i seguenti verbi e altre parole utili:

   > dimenticare / fermarsi / cadere / **bere** / andare / mettere

   Parole utili: *mentre ballava / a casa / **troppo** / una protezione abbastanza alta / a letto tardi / a studiare in biblioteca*

   1. Ieri sera, Paolo è andato a cena con gli amici ed ora ha un gran mal di testa.
      Avrà bevuto troppo!

2. Marta è una ballerina e oggi ha il piede fasciato.
   _____.

3. Sono le 11:30 e i ragazzi stanno ancora dormendo.
   _____.

4. I corsi all'università sono finiti, ma nostro figlio non è ancora ritornato a casa.
   _____.

5. Siamo usciti di casa, ma non abbiamo con noi le chiavi della macchina.
   _____.

6. Sono stati molto tempo al sole, ma non si sono abbronzati per niente.
   _____.

D Futuro Semplice o Futuro Anteriore?

1. **Leggi le frasi e completale con il tempo corretto: Futuro Semplice o Futuro Anteriore?**

   1. _____ (io-studiare) di più e _____ (superare) il prossimo esame con ottimi voti.
   2. Quando _____ (tu-finire) di mangiare, _____ (potere) uscire.
   3. L'anno prossimo _____ (loro-trasferirsi) in Australia, dove _____ (lavorare) per un paio di anni.
   4. _____ (noi-visitare) la Basilica e poi _____ (andare) a pranzo in una trattoria.
   5. Appena _____ (voi-fare) il check-in, _____ (lasciare) le valigie in camera e _____ (andare) subito alla conferenza.
   6. Sento dei rumori strani in cucina. _____ (essere) Tobia, il gatto.

2. **Ora indica, per ogni funzione, la frase corrispondente dell'attività 1. Che cosa esprime il futuro?**

   Funzioni:
   - Programma: 1– 2 – 3 – 4 – 5 – 6
   - Progetto: 1– 2 – 3 – 4 – 5 – 6
   - Supposizione: 1– 2 – 3 – 4 – 5 – 6
   - Ordine: 1 – 2 – 3 – 4 – 5 – 6
   - Promessa: **1** – 2 – 3 – 4 – 5 – 6

11 Pronomi relativi 1

A) Leggi le frasi e metti insieme le parti con il pronome relativo CHE.

· Abbiamo conosciuto *delle ragazze* in discoteca.
· *Le ragazze* sono svedesi.

1. Le ragazze *che abbiamo conosciuto in discoteca sono svedesi*.

· Avete fatto *le attività*?
· L'insegnante vi ha assegnato *delle attività*.

2. Avete fatto _____?

· Due settimane fa, ho comprato *dei libri*.
· Non ho ancora cominciato a leggere *i libri*.

3. Non ho _____.

· La settimana scorsa mi avevano sequestrato *il passaporto*.
· La polizia ha restituito *il passaporto*.

4. La polizia mi _____.

· I bambini hanno rotto *il tablet*.
· Gli zii ci avevano regalato *il tablet*.

5. I bambini _____.

· *Le bottiglie di vino* sono finite.
· Avevamo vinto *le bottiglie di vino* alla Fiera.

6. Le bottiglie _____.

B) Leggi le frasi con il che e scrivi le due singole frasi, come mostra l'esempio.

1. Il libro **che** stavo leggendo ieri sera è molto bello.
   a. *Stavo leggendo un libro, ieri sera*.
   b. *Il libro è molto bello*.

2. La ragazza che mi hai presentato la conoscevo già.
   a. _____.
   b. _____.

3. Ho incontrato un ragazzo che avevo conosciuto all'università.
   a. _____.
   b. _____.

4. Ho corretto l'articolo che mi avevi mandato la settimana scorsa.
   a. _____.
   b. _____.

5. La padrona di casa ha ritrovato la collana che avevo perso.

   a. _____ .

   b. _____ .

6. Hai capito la storia che ti ho raccontato?

   a. _____ .

   b. _____ .

C Leggi le frasi e inserisci il che nel posto corretto.

1. Ti presento ____x____ i ragazzi ____che____ verranno con me in vacanza.
2. Le ragazze _____ hanno prenotato il tavolo dieci _____ non vengono più.
3. Queste sono le bottiglie _____ hai comprato _____ per la cena di stasera?
4. In questo negozio, _____ compriamo le cose _____ non ti servono.
5. Le persone _____ non sono interessate alla lezione _____ possono uscire dall'aula.
6. Hanno restituito a Caterina _____ la borsa _____ le avevano rubato.

Ora prova a fare anche tu degli esempi con il relativo che.

D Riscrivi la frase con il che, come mostra l'**esempio**, per mettere in evidenza il <u>soggetto</u>.

1. <u>Vincenzo</u> mi ha chiamato ieri sera.

   È Vincenzo che mi ha chiamato ieri sera .

2. <u>La mia fidanzata</u> mi ha dato uno schiaffo.

   _____ .

3. <u>La macchina rossa</u> è esplosa nell'incidente.

   _____ .

4. <u>I bambini</u> hanno vinto la partita.

   _____ .

5. <u>Il telefono</u> di Giulia ha squillato mentre dormivamo.

   _____ .

6. <u>Le sirene</u> hanno dato l'allarme per il coprifuoco, durante l'attacco del nemico.

   _____ .

11 Pronomi relativi 1

E Metti insieme le due frasi con il relativo cui. Attenzione alla preposizione!

· Studiavo all'università **con** i ragazzi.
· I ragazzi sono partiti per l'Australia.

1. I ragazzi _con cui studiavo all'università sono partiti per l'Australia_.

· Mi hai parlato **del** film.
· Il film è molto interessante.

2. Il film _____.

· Hanno tolto la bambina **alla** donna.
· Ora la donna è in carcere.

3. La donna _____.

· I miei genitori hanno venduto la macchina.
· Da bambino, mi nascondevo **nella** macchina.

4. Hanno venduto _____.

· Quei turisti vengono **da** Durban.
· La città è Durban.

5. La città _____.

· Ho perso la testa **per** una ragazza.
· La ragazza non viene alla festa.

6. La ragazza _____.

F Leggi le frasi e collegale.

1. La ragazza di...   [d]
2. Gli studenti a... [ ]
3. Mi hanno riparato la macchina con... [ ]
4. La ragione per... [ ]
5. La città da... [ ]
6. Il dentista da... [ ]

a. cui non voglio venire a ballare la conosci anche tu.
b. cui faccio lezione hanno superato l'esame.
c. cui andavo, per farmi visitare, ha chiuso il laboratorio.
d. cui mi sono innamorato si chiama Federica.
e. cui viene il limoncello si chiama Sorrento.
f. cui andavo all'università.

prima parte

G Leggi e metti in ordine le frasi con il cui.

1. è - i fine settimana. - il ragazzo - Marco - esco - tutti - **con cui**
   Marco è il ragazzo con cui esco tutti i fine settimana.

2. voglio - **a cui** - è la ragazza - Carla - molto bene.
   _____.

3. mi fidavo - **di cui** - L'amico - mi ha tradito.
   _____.

4. **in cui** - la città - Questa - per tanti anni. - ho vissuto - è
   _____.

5. di solito - è – vado - molto brava. - L'estetista - **da cui**
   _____.

6. - la vita. - persone - miei figli - sono - le uniche - darei - I - **per cui**
   _____.

Ora prova anche tu a fare degli esempi con il relativo cui e le preposizioni.

H Quando è nato l'aperitivo?

1. Leggi il testo in cui si parla delle origini dell'aperitivo.

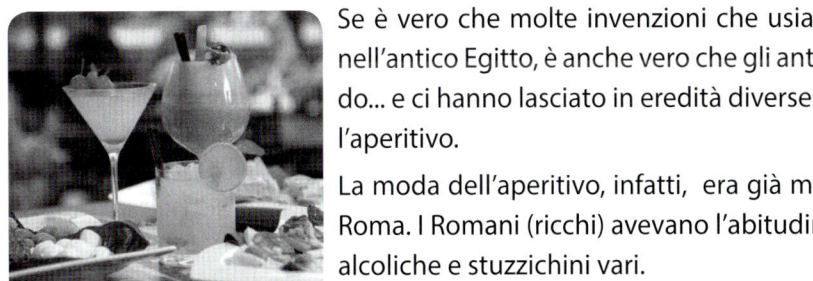

Se è vero che molte invenzioni che usiamo ancora oggi le hanno realizzate nell'antico Egitto, è anche vero che gli antichi Romani hanno dominato il mondo... e ci hanno lasciato in eredità diverse "invenzioni". Una di queste è proprio l'aperitivo.

La moda dell'aperitivo, infatti, era già molto diffusa 2.000 anni fa, nell'antica Roma. I Romani (ricchi) avevano l'abitudine di anticipare la cena con bevande alcoliche e stuzzichini vari.

Era la *gustatio*, un momento previsto nei banchetti più importanti, di grande convivialità, nato per stimolare l'appetito con antipasti saporiti accompagnati dal *mulsum*, vino ad alta gradazione alcolica con miele aromatizzato.

APERITIVO MODERNO. Tuttavia, solo nel XVIII secolo questa moda ha iniziato a diffondersi, indistintamente, in ogni ambiente sociale. Esattamente dal 1786, quando a Torino il distillatore piemontese Antonio Benedetto Carpano ha ideato il celebre Vermut, la bevanda da aperitivo per eccellenza. Ottenuto da vino bianco moscato aromatizzato con oltre 30 varietà di erbe e spezie, il Vermut ha avuto nel giro di pochi anni un enorme successo, grazie anche ai costi contenuti, che ne hanno favorito la larga diffusione.

(Adattato da: http://www.focus.it/cultura/storia/quando-e-nato-laperitivo)

11 Pronomi relativi 1

2. Le frasi mettono in evidenza alcuni <u>argomenti</u> dell'articolo 1. Leggile e completa gli spazi con il pronome relativo che o cui. Attenzione alle preposizioni!

1. <u>L'Egitto</u> è il paese ___in cui___ hanno realizzato molte invenzioni.
2. <u>I Romani</u> sono la popolazione _____ ci ha lasciato in eredità diverse invenzioni.
3. <u>La gustatio</u> era il momento _____ si stimolava l'appetito con antipasti saporiti.
4. <u>Il muslum</u> era il vino _____ accompagnava la degustazione.
5. <u>Antonio Benedetto</u> è il distillatore _____ ha ideato il celebre Vermut.
6. <u>Torino</u> è la città _____ viene Antonio Benedetto.
7. <u>Il vino bianco moscato</u> è la bevanda _____ si ottiene il Vermut.
8. Sono 30 <u>le varietà di erbe e spezie</u> _____ si usano per ottenere il Vermut.
9. <u>I costi contenuti</u> sono una delle ragioni _____ il Vermut è diventato famoso.

l) Leggi la trama del film "Perfetti sconosciuti" di Paolo Genovese e indica, per ogni spazio, l'alternativa corretta: A, B o C?

Perfetti sconosciuti è il nuovo film di Paolo Genovese, ...**(1)** racconta la storia di una cena ... **(2)** sette amici – quattro uomini e tre donne – decidono di mettere sul tavolo i loro smartphone e ... **(3)** con tutti gli altri foto, messaggi e chiamate. *Perfetti sconosciuti* è una commedia e la condivisione del contenuto degli smartphone inizia ...**(4)** un gioco: arrivano però anche dei momenti più "drammatici", le numerose rivelazioni ... **(5)** gli smartphone messi sul tavolo portano con sé. Nel cast di *Perfetti sconosciuti* ci sono ...**(6)** dei più noti attori italiani: Kasia Smutniak, Marco Giallini, Valerio Mastandrea, Giuseppe Battiston, Edoardo Leo, Alba Rohrwacher e Anna Foglietta.

Smutniak interpreta Eva, ...**(7)** è sposata con Luca (Giallini) e la casa ...**(8)** si svolge la cena è la loro. Eva e Luca la pensano diversamente sui modi ...**(9)** crescere la loro figlia e hanno anche ...**(10)** problema di coppia. Tra gli amici, invitati ci sono Cosimo (Leo) e Bianca (Rohrwacher): si sono sposati da poco e sembrano essere molto innamorati. L'altra coppia ...**(11)** partecipa alla cena è quella formata da Lele (Mastandrea) e Carlotta (Foglietta): sono sposati da qualche anno e sembrano ...**(12)** un po' meno innamorati. Il settimo commensale è Peppe (Battiston): sarebbe dovuto arrivare con la sua nuova fidanzata, ...**(13)** è invece rimasta a casa, perché malata. L'idea alla base della trama, quella degli smartphone sul tavolo, viene in mente ad Eva.

(Testo adattato da: http://www.ilpost.it/2016/02/12/perfetti-sconosciuti-film/)

1. A in cui	B. che	C. su cui
2. A in cui	B. che	C. per cui
3. A dividere	B. mostrare	C. condividere
4. A per	B. come	C. da
5. A di cui	B. con cui	C. che
6. A qualche	B. alcuni	C. solo
7. A che	B. con cui	C. da cui
8. A in cui	B. che	C. su cui
9. A da	B. di	C. con
10. A alcuni	B. qualche	C. dei
11. A che	B. con cui	C. di cui
12. A come	B. da	C. essere
13. A con cui	B. di cui	C. che

Ora prova a immaginare la storia del film. Che cosa ne pensi?

12 Congiuntivo presente e passato

prima parte

A Congiuntivo Presente regolare

1. Leggi le frasi e completa gli spazi con i verbi della tabella.

1. Mi sembra che Paolo, il fidanzato di Federica, non _____ con noi a pranzo.
2. È giusto che i bambini piccoli _____ con la mamma?
3. Carlo frequenta brutte compagnie. Ho paura che _____ il vizio di fumare.
4. Penso che i gatti _____ poco, perché non stanno bene.
5. Vogliamo che _____ questi moduli e li compiliate.
6. È meglio che _____ un po' prima di riprendere il viaggio.

che…	Mangiare	Prendere	Dormire
io / tu / lui/lei/Lei	mang**i**	prend**a**	_____ *
noi	_____ *	_____ *	_____ *
voi	_____ *	prend**iate**	dorm**iate**
loro	mang**ino**	_____ *	dorm**ano**

2. Ora completa la tabella con i verbi (*) che mancano.

3. Ora abbina le frasi e completa gli spazi con i verbi (*) che hai aggiunto nella tabella.

1. Il medico dice che sono troppo stressato [e]
2. Non siete in forma. [ ]
3. Non sono sicuro che _____ anche noi qui, [ ]
4. Non so se i nostri colleghi _____ il nostro stesso autobus, [ ]
5. I nostri genitori vogliono [ ]
6. È necessario che _____ questi piatti, [ ]

a. per andare in ufficio.
b. È bene che _____ qualcosa di più sano.
c. per apprezzare la cucina del posto.
d. in questa stanza.
e. e vuole che io _dorma_ di più.
f. che noi _____ un bel voto al prossimo esame.

settantanove 79

12 Congiuntivo presente e passato

B Funzioni

1. Leggi le frasi e indica per ognuna la funzione corretta: opinione, dubbio, emozione e volontà.

   1. Ho paura che non *arriviamo* in tempo per il film delle 22:00.
   2. Voglio che mia figlia *segua* un corso d'inglese.
   3. Mi sembra che mia figlia non *voglia* più andare in piscina.
   4. Ci fa piacere che non *siate* più arrabbiati con noi.
   5. Non so dove *stiano costruendo* la nuova ferrovia.
   6. Credo che Caterina non *faccia* bene gli esercizi per la schiena.

   _____
   _____
   _____   FUNZIONE
   _____
   _____
   _____

C Congiuntivo Presente irregolare

1. Ora sottolinea i verbi irregolari al Congiuntivo Presente, dell'attività B1.

   1. arriviamo / 2. segua / 3. voglia / 4. siate / 5. stiano costruendo / 6. faccia

2. Scrivi nella tabella i verbi irregolari dell'attività C1, come mostra l'esempio: voglia.

   Poi completa la tabella con le seguenti voci verbali irregolari: debba / sappia / escano / siamo / scelga / beviate / saliamo / scegliate / abbia / debbano.

Infinito	Indicativo Presente	Congiuntivo Presente			
are-ere-ire	io	io, tu, lui	noi	voi	loro
essere	sono	sia	_____	_____	siano
avere	ho	_____	abbiamo	abbiate	abbiano
andare	vado	vada	andiamo	andiate	vadano
bere	bevo	beva	beviamo	_____	bevano
dare	do	dia	diamo	diate	diano
stare	stai	stia	stiamo	stiate	_____
dovere	devo	_____	dobbiamo	dobbiate	_____
potere	posso	possa	possiamo	possiate	possano
fare	faccio	_____	facciamo	facciate	facciano
sapere	so	_____	sappiamo	sappiate	sappiano
dire	dico	dica	diciamo	diciate	dicano
uscire	esco	esca	usciamo	usciate	_____
salire	salgo	salga	_____	saliate	salgano
scegliere	scelgo	_____	scegliamo	_____	scelgano
tenere	tengo	tenga	teniamo	teniate	tengano
venire	vengo	venga	veniamo	veniate	vengano
volere	voglio	*voglia*	vogliamo	vogliate	vogliano

prima parte

3. Leggi il testo, coniuga i verbi al Congiuntivo Presente e prova a capire che cosa è successo.

Mi rendo conto che tu _____ (stare) male adesso e che non _____ (potere) fare a meno di pensarci, ma credo che tu _____ (dovere) reagire e andare avanti. È giusto che io e gli altri _____ (fare) qualcosa per te e che ti _____ (stare) vicini. Credo che Giulia e Mario _____ (potere) aiutarti a trovare anche il modo di impegnare la mente. Loro fanno tante cose: sport, cinema, discoteca. È bene che tu _____ (uscire) un po' e _____ (andare) in altri posti a frequentare un po' di gente. Magari puoi uscire con loro qualche volta. E poi dai, mi sa che tu _____ (stare) esagerando un po' troppo, addirittura l'alcol, è meglio che tu non _____ (bere) più questa porcheria. Alla fine è colpa tua se hai messo la vaschetta dei pesci sui fornelli e non sul davanzale della finestra. Non credi? Vuoi che _____ (noi-andare) a comprarne altri al negozio di animali?

Ora prova anche tu a scrivere un testo in cui descrivi una situazione ambigua.
Prova ad usare i verbi irregolari al Congiuntivo Presente.

D Il Congiuntivo Presente e Passato

1. Leggi le frasi e indica per ogni situazione l'immagine corretta.

   1. Sembra che il cliente non sia contento.
   2. È giusto che abbiano costruito più aree verdi, in questa città.
   3. Credo che siano i paccheri ripieni. Che buoni!
   4. Suppongo che l'azienda abbia interrotto i lavori, per mancanza di fondi.
   5. Immagino che non possa pagare il conto.
   6. È normale che i bagnanti siano andati via.

   A.   B.   C.

   D.   E.   F.

2. Riscrivi solo i verbi al Congiuntivo Passato dell'attività 1.

   . _Costruire: Loro abbiano costruito_ _____ .
   . _____ .
   . _____ .

12 Congiuntivo presente e passato

3. Collega le frasi e coniuga i verbi al Congiuntivo Passato.

1. È un bene che _____ (loro-ricostruire) il parco giochi... [f]
2. Ho paura che _____ (succedere) qualcosa a Lia e Fabio. [ ]
3. Dovevano venire anche degli amici di Carlo qui in montagna, [ ]
4. Non credo proprio che _____ (essere) Giovanni a rompere la macchina. [ ]
5. Mi sembra che _____ già _____ (loro-terminare) i lavori al centro commerciale. [ ]
6. Non siamo sicuri che gli studenti _____ (capire) come fare l'esercizio. [ ]

a. Ieri, sono passato da lì e gli operai non c'erano più.
b. Perché non hanno ancora chiamato?
c. Li vediamo troppo agitati.
d. ma non so se _____ già _____ (partire).
e. Lui è sempre così attento alla guida.
f. così potremo portarci i bambini.

4. Presente o Passato? Leggi il dialogo e completa gli spazi con i seguenti verbi al Congiuntivo Presente e al Passato: *trovare, fare, essere (2), volere, vivere e conoscere.*

A: Una mia amica inglese sta per venire qui in Italia.

B: In vacanza?

A: No, viene per insegnare in una scuola inglese.

B: Certo, immagino _____ proprio difficile vivere in un paese, senza conoscere la lingua.

A: Beh sì, ma credo che _____ un po' di italiano e che _____ un corso elementare, prima di partire.

B: Certo, mi sembra il minimo. Io al posto suo avrei fatto almeno un corso di un anno.

A: Credo che la mia amica _____ già _____ all'estero e che questa non _____ la prima volta.

B: Io invidio molto queste persone che partono per un paese, senza conoscere la lingua e proprio sul posto imparano in poco tempo, come delle spugne.

A: Eh! Bisogna essere portati, anch'io non ne sarei capace.

B: Ha già un posto dove stare, la tua amica?

A: Credo che _____ già _____ qualcosa, ma per le prime due settimane si fermerà a casa mia. Così, praticherò un po' d'inglese.

B: Eh, ma tu sei brava! Quanto tempo credi che ci _____ per imparare bene l'inglese?

prima parte

A: Guarda, per imparare bene una lingua non c'è un tempo ben definito. Tutto dipende dal carattere di una persona, dalla motivazione che ha e dal tempo che ha a disposizione per imparare, studiare e praticare la lingua.

B: Hai ragione. Io con tutte queste cose da fare, non ce la farò mai.

Ora prova a pensare. Sei d'accordo con il personaggio A?
Per te è difficile o facile imparare l'italiano?

E Le congiunzioni subordinative

1. Nonostante o affinché? Leggi le frasi e indica la congiunzione corretta.

1. Continua a mangiare di tutto, *nonostante* / *affinché* voglia fare la dieta.
2. Mangia di tutto per mettere su qualche chilo, *nonostante* / *affinché* lo prendano nel nuovo film, come attore principale.
3. Si sta tuffando in acqua, *nonostante* / *affinché* io gli abbia detto di non farlo.
4. Gli ho spiegato che ha sbagliato, *nonostante* / *affinché* capisca che deve fare quello che gli dico.
5. Vengo con te, *nonostante* / *affinché* ti renda conto che ti appoggio in tutto quello che fai.
6. Vengo con te, *nonostante* / *affinché* io non ne abbia voglia.

2. Leggi il testo con i consigli dello psicologo e completa gli spazi.

> si debba / sebbene / affinché (2) / faccia / segua / abbiamo / rispetti / nonostante

Ogni bambino ha bisogno di regole

Riteniamo che in quanto mamme o papà _____ l'obbligo di concedere tutto ai nostri bambini. Crediamo che in una famiglia perfetta, _____ dare tutto ciò che si può ai figli, facendoli vivere felici e nel benessere. Sentiamo verso di loro una grande responsabilità e a ogni loro richiesta rispondiamo con un *Sì*, _____ siamo consapevoli che ogni tanto qualche no  bene. Ma purtroppo il senso di colpa è un limite che ci frena e li accontentiamo in tutto e per tutto _____ non ci vedano come dei cattivi genitori.

Per crescere sani sia fisicamente che mentalmente, è necessario che un bambino _____ le regole che sono accompagnate da tanti *No*. Ogni volta che non si può accontentare un suo capriccio, come quello di uscire di casa con la pioggia o di mangiare la cioccolata prima di pranzo, è bene che al no _____ una motivazione ben precisa, _____ il bambino conosca le ragioni, _____ continui a fare i capricci e a manifestare una certa insofferenza.

(Testo adattato dall'articolo di Melinda Petraschi, da: https://www.bambino.it/educazione/limportanza-di-dire-no-ai-bambini-528)

13 Verbi pronominali 2

A) Vederci - Sentirci

Leggi le frasi ed elimina il ~~ci~~ quando vederci e sentirci non esprimono il significato di abilità, capacità di vedere e sentire.

1. Laggiù ~~ci~~ vedo del fumo, mi avvicino e mi accorgo che qualcosa sta bruciando.
2. Bobby è il gatto più anziano e non ci vede bene.
3. Stefano non è venuto? Non ci lo vedo.
4. La nonna non ha l'apparecchio e quindi non ci sente.
5. Scusa, non ci ho sentito quello che hai detto, perché è squillato il telefono. Puoi ripetere per favore?
6. Guarda che io ci sento, non è necessario gridare così forte, quando parli con me.
7. Ma non ci vedi che la carne sulla piastra sta bruciando?
8. Scusa, ma non ci vedo bene da lontano. Aspetta che mi avvicino, così leggo anch'io il cartello.

B) Andarsene - Cavarsela - Fregarsene - Farcela - Sentirsela

1. Leggi le frasi e completa gli spazi con il Presente dei verbi andarsene e fregarsene.

   1. I miei genitori _____ di quello che voglio io. Per loro io non esisto.
   2. I miei genitori _____, perché non sopportano i miei amici.
   3. A che ora _____? Posso venire con voi? Non ho la macchina.
   4. Questa settimana voi partite per le vacanze e io qui da solo. Ma tanto voi _____ di me e delle tante commissioni che ci sono da fare.
   5. Ma chi _____ di quello che pensi tu. Il problema è mio e me lo risolvo da solo.
   6. Scusa, ma perché non _____ e ci lasci in pace?!
   7. Tanto i politici _____ del popolo. Vincono le elezioni e arrivederci e grazie. Non ce la facciamo più con questi politici. _____ devono _____. Basta!

prima parte

2. Leggi e separa la catena dei verbi pronominali, come mostra l'esempio

farcelamelasentivomenesonofregato/**te-ne-sei-andata**/selasonocavata

Ora leggi il dialogo e indica per ogni spazio l'espressione corretta:

A: Perché ieri sera _____te ne sei andata_____ subito dopo il concerto? Siamo andati al ristorante a mangiare qualcosa. Potevi venire anche tu!

B: Non mi sentivo bene e poi non _____ di rimanere in mezzo a tutta quella gente snob e che crede di sapere sempre tutto.

A: Almeno ti è piaciuto il concerto? Sì molto, i ragazzi anche se suonano da poco, _____. Promettono bene.

B: Ieri sera, poi temevo di non _____ ad arrivare in orario.

A: Perché?

B: Perché in ufficio mi hanno assegnato un sacco di lavoro da portare a termine. Ma alla fine _____. Ho fatto quello che potevo e sono corso a teatro.

A: Hai fatto bene! Infatti, ti sei divertito parecchio, no?

C: Certo!

C Smetterla - Farcela - Cavarsela - Sentirsela

Leggi le situazioni e indica l'espressione corretta.

1. I genitori di Claudia non vogliono che lei continui a fumare. Che cosa le dicono?
   L'hai smessa?   Smettila!   Ce la fai?   Ce l'hai fatta!

2. Dopo tanti sforzi, Paolo ha vinto il concorso per insegnare nella scuola pubblica. Che cosa gli dicono i suoi amici?
   Ce l'hai fatta!   Te la senti?   La smetti?   Te la cavi bene!

3. Marta e Stefano non sono dei cuochi professionisti, ma cucinano abbastanza bene. Che cosa possiamo dire?
   Ce la fanno.   Se la cavano!   La smettono.   Se la sentono

4. Sappiamo che i nostri amici Paolo e Mario sono molto bravi ad organizzare eventi, così vorremmo chiedergli di organizzare una manifestazione musicale nella nostra città. Cosa gli chiediamo?
   Ce la fate.   Ve la cavate?   Smettetela   Ve la sentite?

5. Stiamo andando a teatro, ma siamo partiti in ritardo e il primo spettacolo comincia alle 20:00. Che cosa ci chiediamo?
   Ce la sentiamo?   Ce la caveremo   Ce la faremo?   Smettiamola

6. È stato un brutto incidente, ma fortunatamente stiamo bene e non ci è successo niente di grave. Cosa diciamo?
   Ce l'abbiamo fatta.   Ce la siamo cavata!   L'abbiamo smessa.   Ce la sentiamo

13 Verbi pronominali 2

1. Leggi le definizioni dei verbi e completa il cruciverba con il verbo pronominale corretto.

1. Avere lo stato d'animo giusto, per fare una cosa.
2. Capacità di sentire.
3. Saper fare una cosa abbastanza bene.
4. (orizzontale) Riuscire a fare qualcosa.
   (verticale) Non avere cura e interesse per qualcuno o qualcosa.
5. Lasciare un posto.
6. Capacità di vedere.
7. Non fare più una cosa, interromperla.

2. Leggi e collega le frasi.

1. Mia sorella parla... — e
2. I miei genitori non vogliono.
3. Ai responsabili non importa...
4. La zia ha un problema all'udito...
5. Mi scusi, ma non riesco a seguire bene lo spettacolo.
6. Paolo non riesce a portare questi pacchi da solo.
7. Non ci sentiamo pronti...
8. Non ho voglia di rimanere qui.

a. per partecipare alla gara.
b. Mi sto annoiando.
c. e quindi non riesce a parlare al telefono.
d. Potrebbe togliere il cappello, per favore?
e. abbastanza bene l'inglese.
f. che io continui a seguire il corso di yoga.
g. che tu abbia le competenze giuste per lavorare nell'azienda.
h. Sono troppo pesanti.

2.1. Ora abbina ad ogni frase dell'attività 2, che descrive una situazione, uno dei seguenti verbi pronominali che ha lo stesso significato: *vederci, sentirci, smetterla, andarsene, farcela, cavarsela, fregarsene, sentirsela.*

1. cavarsela
2. _____
3. _____
4. _____
5. _____
6. _____
7. _____
8. _____

2.2 Ora riscrivi le frasi con il verbo pronominale corretto. Attenzione! In alcuni casi bisogna aggiungere o togliere delle parole.

1. Mia sorella ~~parla~~ abbastanza bene l'inglese.
   Mia sorella se la cava abbastanza bene con l'inglese.

2. I miei genitori non vogliono che io continui a seguire il corso di yoga.

3. Ai responsabili non importa che tu abbia le competenze giuste per lavorare nell'azienda.

4. La zia ha un problema all'udito e quindi non riesce a parlare al telefono.

5. Mi scusi, ma non riesco a seguire bene lo spettacolo. Potrebbe togliere il cappello, per favore?

6. Paolo non riesce a portare questi pacchi da solo. Sono troppo pesanti.

7. Non ci sentiamo pronti per partecipare alla gara.

8. Non ho voglia di rimanere qui. Mi sto annoiando.

perfetto! 2

A Leggi le frasi e completa gli spazi con le supposizioni corrette al Futuro Anteriore:

> prendere (2) / andare / finire / spostare / litigare

1. A: Come mai i lavori della metropolitana sono fermi da più di due mesi?
   B: _____ i fondi. Per questi progetti ci vogliono molti soldi.
2. A: Che cosa ha Caterina? Sembra un po' arrabbiata.
   B: _____ di nuovo con suo marito. Siamo alle solite!
3. A: Non c'è la macchina in garage. Chi l'_____?
   B: Forse tua sorella.
4. A: I ragazzi non sono in camera. Dove saranno? È così presto!
   B: _____ a correre al parco. Stanno provando a dimagrire un po'.
5. A: In quest'ufficio mancano dei computer. Chi li _____?
   B: Qualcuno li _____ in un altro ufficio.

Tot: _____ /3

B Leggi le frasi e indica il tempo corretto: Futuro Semplice o Futuro Anteriore?

1. Tra qualche anno *inizieremo – avremo iniziato* i lavori per il nuovo sito web.
2. Quando avrai finito gli studi, *potrai - avrai potuto* decidere che cosa fare.
3. A: La macchina si è fermata all'improvviso. Cos'è successo?
   B: *Finirà - Sarà finita* la benzina. Fammi controllare un po'.
4. Ti va di andare alla presentazione del nuovo libro di Alessandro Baricco? La casa editrice *distribuirà – avrà distribuito* delle copie omaggio.
5. L'inquilino del piano superiore *partirà - sarà partito* di nuovo per l'estero. È da un paio di giorni che non lo vedo.
6. Ma cosa fa Pietro? Dove *starà – sarà stato* andando con tutte quelle valigie?

Tot: _____ /3

C Leggi le frasi e completa gli spazi con i relativi corretti.

1. La ragazza... mi sto sentendo in questo periodo è canadese, ma parla molto bene l'italiano.
   a. di cui   b. con cui   c. che
2. Non sono stato io! È Claudio... ti ha spinto.
   a. per cui   b. a cui   c. che
3. I soldi... ti hanno dato in banca sono falsi.
   a. da cui   b. che   c. in cui
4. La palestra... andavo dopo il lavoro ha chiuso da un bel po'.
   a. per cui   b. in cui   c. cui

TEST 4

5. Non mi fido delle persone... hai a che fare.

   a. con cui   b. di cui   c. per cui

6. Conosciamo benissimo i motivi... non sei voluto più uscire con noi.

   a. che   b. per cui   c. di cui

   Tot: _____ /3

D Leggi le frasi e trova i quattro errori.

1. La città che è nato Leonardo Da Vinci, si trova in Toscana.
2. Il mascarpone è uno degli ingredienti con cui si prepara il Tiramisù.
3. Queste sono le schede elettorali di cui bisogna inserire i loghi dei partiti.
4. Il 1968 è stato l'anno in cui sono nati molti movimenti sociali di operai e studenti.
5. La Sicilia è la regione di cui provengono i cannoli: dei dolci fatti con la ricotta.
6. La regione che si mangiano i malloreddus è la Sardegna.

Tot: _____ /3

E Leggi e collega le frasi.

1. Suppongo che sia giù di morale, ...
2. Non credo che lui non stia bene.
3. È importante che i lavori della metropolitana terminino entro la fine dell'estate, ...
4. È giusto che un collega così giovane, appena arrivato, ...
5. Non immagini neanche quanto sia difficile...
6. Mi fa piacere che tu abbia incontrato una persona...

a. con cui condividere tanti momenti belli della vita.
b. per permettere ai cittadini di spostarsi meglio.
c. Lo fa solo per attirare l'attenzione su di sé.
d. prenda più di un collega anziano che lavora da anni in quest'azienda?
e. convincere la gente a comprare un nuovo prodotto.
f. perché la sua squadra del cuore ha perso il campionato.

Tot: _____ /3

UNITÀ 10-13

F Leggi le frasi e completa gli spazi con i verbi corretti, al tempo giusto: Congiuntivo presente o passato?

dare / stare / volere / frequentare / arrivare / essere

1. Penso che lui _____ già _____ questo corso, ma ha deciso di seguirlo di nuovo.
2. Non credo proprio che Marco _____ per arrivare. Mi ha chiamato due minuti fa e ha detto che era appena uscito dalla doccia.
3. Immagino che la notizia del matrimonio del figlio gli _____ attraverso i social. Per questo la madre si è arrabbiata.
4. Ho paura che nessuno _____ aiutarmi ad organizzare l'evento e dovrò fare tutto da sola.
5. Non so chi _____ il permesso a queste persone di entrare. Ma se lo scopro...
6. Mi sembra che i nostri colleghi non _____ d'accordo a trattare con i nuovi clienti americani.

Tot: _____ /3

G Leggi i paragrafi dell'articolo di Beppe Severgnini e prova a indicare, per ognuno, l'alternativa corretta.

1. Ho assistito alla "giornata dell'orientamento" in un istituto tecnico. Non è un incontro in cui alcuni girano bendati e altri con la bussola che cercano l'uscita della scuola. È, invece, un buon servizio che alcuni istituti offrono, per aiutare gli studenti a scegliere il giusto percorso universitario. Ex-alunni ed esperti arrivano, un sabato mattina, e presentano i vari indirizzi universitari e professionali.
Siccome non ero un ex-alunno e neanche un esperto, sono rimasto ad ascoltare. Ero in un'aula, seduto dietro un banco. Stavano parlando tre ex-alunne, ora ventenni: Laura, che lavora in un'assicurazione; Simona e Alessandra, impiegate come programmatrici in un'azienda. A un certo punto, sono rimasto senza parole. Laura ha detto: "Non penso mi assumano...". Simona ha spiegato: "Penso che sia giusto...". Alessandra ha concluso: "Spero che quello che sto dicendo vi interessi." Straordinario: tre italiane su tre che usavano i congiuntivi.

   Beppe Severgnini è sorpreso, perché...
   a. le tre ragazze si esprimono bene in italiano;
   b. sbagliano i congiuntivi;
   c. hanno trovato un lavoro.

2. Ora, io non vorrei sembrare snob, né esagerato come i vecchi professori di liceo. Ma in un colloquio di lavoro, le avrei assunte tutte e tre. Usare il congiuntivo vuol dire infatti avere dei vantaggi: è tutto più facile. Badate bene: Simona, Alessandra e Laura non erano tre donne disperate. Avevano le treccine africane, il maglioncino con la cerniera, vestivano in modo alternativo. Laura aveva anche il piercing nel naso.

   Chi sa usare il congiuntivo
   a. trova subito lavoro;
   b. è un disperato
   c. ha delle possibilità in più di avere successo;

3. Certo, si può essere dei geni e parlare come un disc-jockey a fine turno. Ma vi assicuro: sempre di più, il linguaggio diventerà un segno importante, qualcosa che permetterà di farsi notare. Ora che tutto si compra, infatti, sta diventando prezioso quello che s'impara. Fidatevi, ragazzi: conosco ragazze che considerano un congiuntivo più sexy dell'orologio di lusso e del pantalone firmato. Non fate quella faccia: sono anche carine.

   Secondo Beppe...
   a. il congiuntivo diventerà una nuova moda tra i giovani;
   b. le ragazze usano il congiuntivo più dei ragazzi;
   c. parlare bene è fondamentale nella vita.

   (Testo adattato dalla rubrica Italians di Beppe Severgnini, Corriere della Sera, http://www.corriere.it/solferino/severgnini/04-11-24/01.spm)

   Tot: _____ /3

H Leggi le frasi e indica la congiunzione corretta.

1. È andato a lavorare *sebbene – affinché* il medico gli abbia consigliato di stare a casa a riposare.
2. Claudio mi ha mandato gli indirizzi dei suoi clienti *nonostante - affinché* gli presenti il mio nuovo prodotto.
3. Credo che mi abbia mandato dei fiori, *sebbene - affinché* io la perdoni.

TEST 4

4. Nonostante – Affinché mi abbia fatto del male, le voglio ancora bene.
5. Ci sveglieremo presto domani mattina, nonostante – affinché siamo rientrati dopo mezzanotte.
6. Vi tradurrò io il testo in italiano sebbene - affinché possiate capire bene il significato del documento e non ci siano malintesi.

Tot: _____ /3

I) Leggi e collega le frasi.

1. Scusa, non ci sento bene...
2. Non è un dolce difficile da fare.
3. All'inizio credevo di non farcela...
4. Smettila di fare sempre la vittima...
5. Da quando porto questi occhiali...
6. Me ne frego di quello che pensi.

a. Non ti sopporto più. Smettila di tormentarmi.
b. ma poi è andato tutto bene.
c. ci vedo benissimo.
d. Te la senti di prepararlo, per l'anniversario dei miei genitori?
e. e cerca di fare qualcosa. Reagisci!
f. puoi alzare la voce, per favore?

Tot: _____ /3

L) Leggi le seguenti situazioni e completa la frase con il verbo pronominale corretto.

1. I vicini fanno troppo rumore. Arrabbiato busso alla loro porta e dico: "_____ di fare tutto questo rumore!"
2. A teatro, prima di andare sul palco, due dei vostri amici con cui avete provato delle scene non sono più potuti venire. Chiedete ad altri due vostri compagni di interpretare le parti in questione, vi rivolgete a loro e dite: "_____ di sostituire i due attori che non sono potuti venire?"
3. Durante la vostra lezione, alcuni studenti stanno dando fastidio già da un po'. Gli ordinate di lasciare l'aula e gli dite: "_____ via, lasciate immediatamente quest'aula!"
4. Ad alcune persone non interessa quello che stai dicendo. Per descrivere il loro poco interesse, dici: "Quelle persone _____ di quello che sto dicendo."
5. Claudio non ha ancora la patente, ma sa guidare abbastanza bene la macchina. Gli fai un complimento e gli dici: "Bravo! _____ a guidare la macchina."
6. Sulle scale, vedi una persona con troppe cose da portare, in difficoltà. Le vuoi offrire il tuo aiuto e le chiedi: "_____ o hai bisogno di aiuto?"

Tot: _____ /3

Calcolo punteggio
Attività A... L: 2 errori = -1

Tot: _____ /30

UNITÀ 10-13

perfetto! 2

A Leggi il testo e completa gli spazi con le parole adatte.

Il mio blog

Sta per cominciare il viaggio in giro per l'Italia, a caccia dei sapori all'italiana. Partiremo dal Sud, dalla storica Trinacria, l'isola a tre punte, la Sicilia, dove …(1)… il sapore del cannolo siciliano e il profumo degli agrumi. Seguiremo su per lo stivale, …(2)… arrivare a Napoli e assaggiare la famosa e squisita pizza Margherita, con i tre sapori del tricolore: pomodoro, mozzarella e basilico e poi …(3)… il caffè napoletano, con il suo aroma raffinato. Arriveremo poi …(4)… Città Eterna per degustare l'abbacchio romano, ricco …(5)… spezie e aromi. La Toscana ci aspetta con i suoi vini dal sapore corposo: il Chianti e il vino Nobile di Montepulciano. Una tappa obbligata …(6)… faremo a Perugia, per assaggiare il romantico bacio Perugina con il suo intenso sapore …(7)… cioccolato fondente e leggeremo le sue frasi poetiche e letterarie. Chi si ferma è perduto! Continueremo a salire …(8)… ad arrivare in Piemonte e mangeremo i prelibati gianduiotti, cioccolatini che si sciolgono in bocca e …(9)… lo storico bicerin, bevanda calda e analcolica tipica …(10)… città di Torino. Poi giù sulla costa del Mar Ligure, nella città di Genova ci lasceremo trasportare dal sapore di un ricco piatto di pasta …(11)… pesto genovese, a base di basilico, pinoli, aglio, olio e parmigiano. Un salto nella calda Sardegna per poi mangiare immensi taglieri di formaggi e piatti di pasta, …(12)… Malloreddus ai Cullurgiones.
Eh sì! Bisogna proprio dirlo: "In Italia si mangia e si beve proprio bene!"

1. a) cucineremo   b) vedremo   c) scopriremo
2. a) ad   b) per   c) di
3. a) piaceremo   b) berremo   c) odoreremo
4. a) nella   b) in   c) della
5. a) da   b) di   c) con
6. a) lo   b) gli   c) la
7. a) allo   b) al   c) dal
8. a) fino   b) anche   c) pure
9. a) mangeremo   b) troveremo   c) assaggeremo
10. a) di   b) della   c) dalla
11. a) con   b) al   c) dal
12. a) dai   b) con   c) per

Tot: _____ /6

B Leggi e collega le frasi.

1. Quando si finisce presto di lavorare, …
2. Una volta ci si vedeva spesso con gli amici di infanzia, …
3. Non ci si sposa più come una volta.
4. Non so se si viva male oggi con tutta questa tecnologia.
5. In vacanza, si va a dormire tardi la notte e…
6. A Carnevale ci si maschera e…

a. ci si alza tardi al mattino.
b. Tu che ne pensi?
c. si va a Venezia a festeggiare.
d. ma ora ognuno abita in una città diversa.
e. andiamo a prendere un aperitivo con i colleghi.
f. Le coppie di oggi preferiscono la convivenza.

Tot: _____ /3

TEST FINALE

C Leggi i dialoghi e sottolinea la forma corretta dei verbi.

A: Oggi ho un mal di schiena tremendo.
B: Come mai? *Sarà stato / Sarà* il lavoro, rimani troppo tempo seduto al computer.
A: No, forse *farò / avrò fatto* qualche sforzo di troppo, ieri sera, mentre giocavo con i bambini. Li ho portati sulle spalle uno alla volta.
B: Ah! Domani prova ad andare dal fisioterapista, lui ti *avrà rimesso / rimetterà* in sesto con qualche massaggio.
A: Certo domani, dopo il lavoro, *farò / avrò fatto* un salto da lui.

Il giorno dopo dal fisioterapista
C: Come va?
A: Non tanto bene, ho un po' di dolori alla schiena. L'altro giorno ho giocato con i bambini e li ho portati in spalla.
C: Vediamo un po', *non si accomodi / si accomodi* sul lettino a pancia in giù. Le fa male?
A: Un po'!
C: Per almeno dieci giorni, *non faccia / faccia*, da solo, tutte le mattine questi esercizi che le sto facendo fare. Fanno bene alla schiena e alle spalle. *Stia / Non stia* troppo tempo seduto e se non può farne a meno allora, tra un'ora e l'altra, *non si prenda / si prenda* cinque minuti di tempo, per fare questi esercizi anche in ufficio. *Non ritorni / Ritorni* qui tra dieci giorni e *vedremo / avremo visto* come sta.
A: Va bene! Grazie e a presto.
C: ArrivederLa e buona giornata!

Tot: _____ /5

D Leggi le frasi e completa gli spazi con i pronomi (diretto - indiretto) e le particelle (ci - ne) corretti.

1. Le studentesse nuove non _____ ho conosciute ancora. Di dove sono?
2. Non mi va di uscire stasera, non _____ ho voglia. Preferisco rimanere a casa.
3. Nell'altra stanza c'è Giulia che aspetta. _____ parli tu?
4. Non _____ posso credere! Domani c'è un altro sciopero dei treni.
5. L'evento _____ abbiamo organizzato insieme. Quindi il merito è anche mio.
6. Basta, non _____ parliamo più. Riprendiamo il discorso domani, in ufficio.

Tot: _____ /3

E Leggi le frasi e completa gli spazi con i pronomi combinati e i pronomi relativi (che - cui) corretti.

1. Queste sono le scarpe che piacciono tanto a Claudia. _____ ho comprate per il suo compleanno.
2. I ragazzi _____ ho contattato per il colloquio non sono ancora arrivati.
3. La persona dell'azienda con _____ ho parlato non mi è molto simpatica.
4. A casa ho due telefonini. Se il tuo si è rotto, _____ porto uno io.
5. Abbiamo già parlato dei motivi per _____ ho deciso di licenziarmi e lasciare questo lavoro.
6. Il tempo _____ ci hai messo per arrivare qua è davvero tanto. Come mai?

Tot: _____ /3

perfetto! 2

F **Leggi e collega le frasi.**

1. Quella di comprare una macchina usata…
2. Il terremoto ha distrutto tutti…
3. Il nostro obiettivo è quello di raggiungere ottimi risultati…
4. Ho visto tante commedie,…
5. Questo dolce è buonissimo.
6. Dai test risulta che la sua capacità…

a. ma questa è la peggiore.
b. di comprensione è inferiore, rispetto alla media.
c. è stata proprio una pessima idea.
d. Non ne ho mai assaggiato uno così squisito!
e. con il minimo sforzo.
f. i piani superiori dell'edificio.

Tot: _____ /3

G **Leggi le frasi e prova a completare gli spazi, con la forma corretta del verbo: Trapassato prossimo o Condizionale composto?**

Fare:

1. Quando ci siamo incontrati, mi avevi detto che _____ già _____ l'esame.
2. Quando ci siamo incontrati, mi avevi detto che _____ l'esame il giorno dopo.

Cominciare:

3. _____ il corso d'inglese con te, ma non avevo abbastanza tempo, per frequentarlo.
4. Quando io mi sono iscritto al corso d'inglese, tu _____ già _____ .

Trasferirsi:

5. Mi hanno detto che i vicini _____ una settimana fa e, invece, sono ancora qui.
6. Pensavo che i vicini _____ senza salutarci e, invece, ci hanno anche invitato a cena da loro.

Tot: _____ /3

H **Leggi i consigli della psicologa e indica le alternative corrette.**

Come comportarsi con i figli? La psicologa consiglia.

"Stai attento! Non mi stai mai a sentire. Non devi salire su quella scala…"

"Bambini troppo protetti, possono diventare adulti insicuri" dice la psicologa. "Il bambino deve vivere la sua vita, deve fare esperienza anche dei pericoli e provare a superarli da solo. Nel nostro mondo occidentale, non ci sono guerre e non viviamo in continuo pericolo di morte, come invece era nel passato, ma le ansie dei genitori, oggi, sono aumentate".

TEST FINALE

1. Secondo la psicologa, i bambini…
    a. non ascoltano mai i genitori.
    b. dovrebbero sbagliare per imparare a riconoscere da soli un pericolo.
    c. oggi sono più ansiosi.

"Non è possibile che il figlio dei vicini sia più bravo di te, a scuola!"

"Fare confronti continui con i figli degli altri può dare al bambino l'impressione che gli altri siano più bravi. Se nostro figlio fa male un compito, è importante capire perché ha sbagliato. Non bisogna spingerlo a diventare perfetto, ma è importante aiutarlo a migliorare. E ricordiamoci che anche i veri talenti hanno fatto degli errori".

2. Secondo la psicologa, i genitori…
    a. dovrebbero insegnare ai figli ad imparare dai propri errori.
    b. dovrebbero dire ai figli che anche le persone di grande successo hanno sbagliato in passato.
    c. dovrebbero lasciare da soli i figli, quando sbagliano.

"Lascia, ti aiuto io a fare le equazioni, la ricerca la prepariamo insieme dopo cena…"

"È bene che i genitori evitino di fare i compiti al pomeriggio insieme ai figli, per diverse ragioni. Perché insegnare è il lavoro degli insegnanti e bisogna dare spazio ai figli e lasciare anche che sbaglino. Inoltre, se i genitori fanno i compiti al posto dei figli, la scuola perde di valore, per i ragazzi che potrebbero non mettere più l'entusiasmo giusto nello studio e quindi si annoiano e diventano più pigri".

3. Secondo la psicologa…
    a. la scuola deve assegnare più compiti ai figli che vanno a scuola.
    b. gli insegnanti non fanno bene il loro lavoro.
    c. i genitori non si devono sostituire alla scuola.

"Avevo detto che non si guarda la tv, non mi importa se te l'ha accesa il papà. Ora ci sono io e si spegne"

"La mancanza di unione tra i genitori crea nei bambini disagio e confusione: non sanno più a chi fare riferimento, percepiscono che ci sono dei problemi nella coppia e spesso hanno la sensazione di essere loro la causa. Le incertezze degli adulti sono un grande ostacolo per la crescita dei figli. Quindi è molto importante che le regole educative vengano decise e portate avanti insieme da mamma e papà."

4. Secondo la psicologa…
    a. non ci può essere disaccordo tra i genitori sulle decisioni da prendere sui figli.
    b. i genitori non devono litigare.
    c. i genitori devono essere più sicuri.

(Testi adattati dall'articolo di Federica Baroni da: https://www.nostrofiglio.it/bambino/bambino-3-6-anni
/educazione-dei-figli-i-10-errori-piu-comuni-che-fanno-i-genitori)

Tot: _____ /4

Calcolo punteggio
· Attività A… G: 2 errori = -1
· Attività H: 1 errore = -1

Tot: _____ /30

perfetto! 2

SECONDA PARTE

14 Passato remoto

A Controlla il crucipuzzle e trova, per ogni verbo, il numero corrispondente.

- _2_ tu lavorare
- ___ lei accettare
- ___ io andare
- ___ noi partire
- ___ noi conoscere
- ___ loro sposarsi
- ___ voi studiare
- ___ lei credere

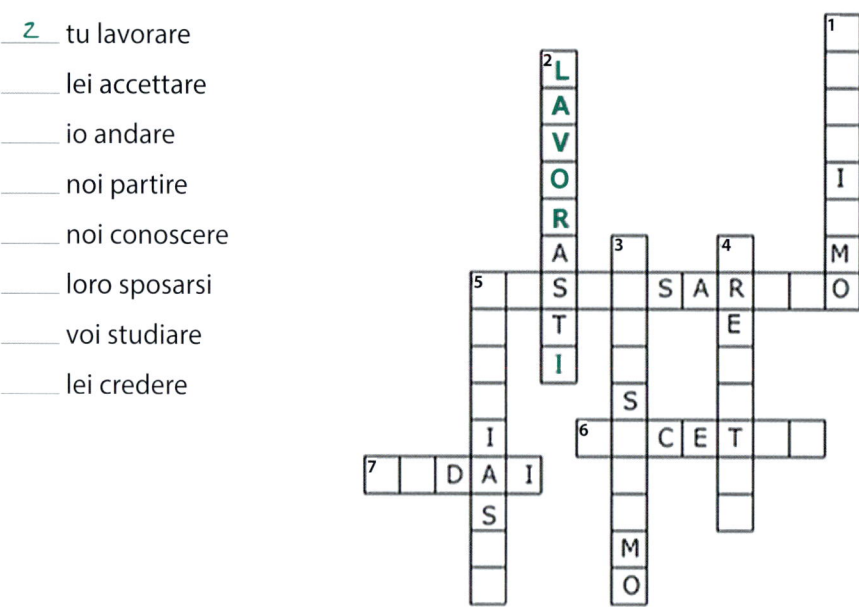

Ora prova a completare il cruciverba con i verbi al Passato Remoto.

B Storie passate… Leggi e collega le frasi.

1. Antonio si innamorò…
2. Dante Alighieri scrisse…
3. Cristoforo Colombo scoprì…
4. La conquista di Costantinopoli da parte degli Ottomani…
5. Eduardo De Filippo, famoso attore, regista e drammaturgo italiano, …
6. Giuseppe Verdi compose…

a. nacque a Napoli nel 1900.
b. l'America.
c. la Divina Commedia.
d. avvenne nel 1453.
e. l'Aida.
f. alla follia di Cleopatra.

C Completa le frasi con i seguenti verbi:

> studiò / scoppiò / incontrò / morì / furono / partirono

1. Mio nonno _____ Medicina all'Università di Padova.
2. I Vichinghi _____ i primi a sbarcare nel continente americano.
3. Cappuccetto Rosso _____ il lupo cattivo nel bosco.
4. La prima bomba atomica _____ ad Hiroshima il 6 agosto 1945.
5. Nicolò, Matteo e Marco Polo _____ nel 1271 per esplorare l'Estremo Oriente.
6. Napoleone Bonaparte _____ in esilio il 5 maggio 1821.

seconda parte

D Leggi e completa le frasi al Passato Remoto con i seguenti verbi regolari e irregolari.

1. Il primo uomo che _____ (mettere) piede sulla Luna _____ (essere) l'astronauta Neil Armstrong.
2. Molti italiani _____ (emigrare) in America nel 1920.
3. Alessandro Manzoni _____ (scrivere) i Promessi Sposi nel 1827.
4. Leonardo da Vinci _____ (nascere) nel 1452 e _____ (morire) nel 1519.
5. Alexander Fleming nel 1945 _____ (prendere) il premio Nobel per la medicina.
6. A causa della crisi, _____ (fallire) anche la ditta di mio zio.

E Leggi i testi e sottolinea tutti i verbi al Passato Remoto. Poi metti in ordine la storia.

*Carlo Collodi **scrisse** nel 1881 a Firenze "Le avventure di Pinocchio", romanzo letto da milioni di giovani e adulti di tutto il mondo. Narra la storia di un burattino di legno che dopo aver vissuto tante avventure, che **furono** necessarie per la sua maturazione ed evoluzione, **diventò** un bambino vero.*

A. (_1_) Tutto iniziò quando il falegname mastro Ciliegia si mise a lavorare un pezzo di legno per ricavarne la gamba di un tavolino. All'improvviso il pezzo di legno cominciò a muoversi e a parlare. Tutto impaurito decise di regalare il legno incantato al suo amico Geppetto, il quale voleva creare un burattino per guadagnarsi qualcosa.

B. (___) Una bambina dai capelli turchini, in realtà una fata, intervenne e lo salvò. Lo prese con sé e gli propose di rimanere a vivere con lei. Il burattino promise alla Fata turchina di seguire la retta via, in modo da poter diventare un bambino vero, ma si imbatté in nuove disavventure. Finì nel Paese dei Balocchi, un luogo dedicato all'ozio e al divertimento.

C. (___) Pinocchio – questo è il nome che gli diede – era un burattino troppo vivace e disobbediente, ma Geppetto lo trattava come un vero figlio. Lo mandò a scuola, ma un giorno, lungo il tragitto, si trovò davanti al Gran Teatro dei Burattini, dove Mangiafuoco, il proprietario, gli regalò cinque monete d'oro da portare a casa.

D. (___) Durante il suo ritorno verso casa, l'ingenuo burattino incontrò due terribili truffatori, il Gatto e la Volpe, che lo convinsero a piantare il denaro nel Campo dei Miracoli per moltiplicarlo. In seguito, i due travestiti da assassini gli rubarono le monete e lo impiccarono sulla grande Quercia.

E. (___) Pinocchio cambiò completamente dopo queste amare esperienze e si decise a lavorare al fianco di Geppetto. Quando venne a sapere che la Fata turchina era gravemente malata, corse a trovarla, donandole i pochi soldi che aveva. Finalmente maturo, Pinocchio venne trasformato in un bambino vero.

F. (___) Dopo cinque mesi di totale baldoria nel Paese dei Balocchi, Pinocchio si trasformò in un asino, per poi essere venduto ad un circo. Venne buttato in acqua e venne mangiato da un pescecane. Proprio qui, nella pancia del grande animale, incontrò Geppetto e insieme riuscirono a fuggire, grazie all'aiuto di un tonno.

14 Passato remoto

F Leggi il testo e sostituisci i verbi al Presente storico con le forme corrette del Passato Remoto.

Il Rinascimento

Il Rinascimento (è) _____ un periodo artistico e culturale della storia d'Europa, che (si sviluppa) _____ a Firenze tra la fine del Medioevo e l'inizio dell'età moderna, all'incirca dalla metà del XIV secolo fino al XVI secolo. In questo periodo di cambiamento (matura) _____ un nuovo modo di concepire il mondo e se stessi. Il nuovo clima culturale (produce) _____ in Italia una grande fioritura creativa, che (si manifesta) _____ principalmente nella pittura, nella scultura e nell'architettura. La vera capitale del Rinascimento è Firenze, governata da Lorenzo de' Medici detto "il Magnifico" che (si occupa) _____ di tutto, dalla politica all'arte. Sotto la sua guida, Firenze (raggiunge) _____ sia il primato politico sia quello intellettuale. Una cultura universale fondata sul genio di Dante, Petrarca e Boccaccio che portarono la lingua fiorentina, base dell'italiano moderno, al massimo splendore. Movimento aristocratico che (trascura) _____ tuttavia i problemi del popolo ritenuto incapace di liberarsi dai pregiudizi e dalle passioni. In questo modo, le distanze tra ricchi e poveri, dotti e ignoranti (diventano) _____ ancora più marcate e profonde.

G Leggi il testo e indica con una x le affermazioni presenti.

Il Miracolo economico italiano

Il miracolo economico italiano, detto anche "boom economico", fu un periodo della storia d'Italia, compreso tra gli anni cinquanta e sessanta del XX secolo, subito dopo il secondo dopoguerra italiano. Questo periodo si caratterizzò per una forte crescita economica dopo l'iniziale fase di ricostruzione. L'industria italiana raggiunse un sufficiente livello di sviluppo tecnologico. Ciò le permise di fabbricare prodotti diversi in grado di sostenere la concorrenza che si creò per via della nascita del Mercato Comune Europeo (il Trattato di Roma fu firmato il 25 marzo 1957). In un primo momento, in diversi settori industriali i risultati furono assai modesti, tuttavia, vi lavoravano imprenditori, ingegneri, progettisti ed esperti artigiani pronti a sostenere la sfida. La produzione, nel periodo 1958-1963, raddoppiò soprattutto grazie all'industria metalmeccanica e a quella petrolchimica. Durante questo periodo la percentuale delle esportazioni italiane aumentò in modo significativo. Mutò anche il tipo di beni esportati: i prodotti tessili ed alimentari cedettero il passo a quei beni di consumo che erano maggiormente richiesti nei vari paesi industriali avanzati, con un PIL (reddito pro-capite) più elevato di quello italiano. Frigoriferi, lavatrici, televisori, macchine da scrivere, automobili furono esportati in quantità notevoli. Tale "boom", arricchendo l'Italia settentrionale, fece aumentare in modo drammatico il già serio squilibrio tra nord e sud.

1. Il *"boom economico"* nacque anche in Europa. ☐
2. Dal meridione arrivarono tante persone per lavorare nelle fabbriche del Nord. ☐
3. Questo periodo si contraddistingue per una elevata crescita economica. ☐
4. All'estero rifiutavano qualsiasi tipo di prodotto italiano. ☐
5. La produzione industriale aumentò grazie al settore metalmeccanico e petrolchimico. ☐
6. Si accentuò ulteriormente lo squilibrio tra il settentrione e il meridione. ☐

15 I tempi dell'Indicativo — seconda parte

A Leggi le frasi e scegli la forma verbale corretta.

1. Durante l'esame di maturità il cuore di Aldo _____ furiosamente.
   a. batte b. batteva c. ha battuto

2. Se continui a bere così, un giorno o l'altro il tuo fegato _____.
   a. è scoppiato b. era scoppiato c. scoppierà

3. A causa dello choc che ebbe, il suo cervello _____ per un attimo di funzionare.
   a. smise b. smetteva c. smette

4. Spettacoli orribili come questo, mi _____ lo stomaco.
   a. rivoltò b. rivoltano c. rivolterà

5. _____ a Roberto di lasciarmi un po' in pace, perché avevo i nervi a pezzi!
   a. Chiederò b. Chiesi c. Avrò chiesto

6. I loro muscoli diventarono duri come l'acciaio, perché li _____ ad uno sforzo notevole.
   a. sottoporranno b. sottopongono c. avevano sottoposti

B 1. Completa le frasi con i seguenti verbi:

avrò terminato / porterò / ha ammesso / aveva perso / raccontò / era riuscita / speriamo / voleva

1. La ragazza _____ come era successo l'incidente stradale.
2. _____ che Antonella venga a Venezia con me!
3. Paolo _____ che _____ tutto al gioco.
4. Quando _____ di scrivere il libro, lo _____ all'editore.
5. Poiché Rita _____ finalmente a laurearsi, il papà le regalò la macchina.
6. Fabio non _____ farsi visitare da uno specialista!

2. Inserisci i verbi dell'attività precedente, nella colonna del tempo corrispondente. Poi, per ogni tempo, completa la coniugazione con lo stesso verbo come nell'*esempio*.

	Presente	Passato Prossimo	Imperfetto	Trapassato Prossimo	Passato Remoto	Futuro Semplice	Futuro Composto
io	spero						
tu	speri						
lui/lei	spera			aveva perso / era riuscita			
noi	speriamo						
voi	sperate						
loro	sperano						

15 I tempi dell'Indicativo

C Leggi e riordina le frasi.

1. non poté recarsi / poiché c'era lo sciopero / Quel giorno Gino / in ufficio / urbani. / mezzi urbani di trasporto
   Quel giorno Gino non poté recarsi in ufficio, poiché c'era lo sciopero dei mezzi di trasporto.

2. sotto il mobile. / qualche guaio, / Ogni volta / che il cane / si nascondeva / combinava

3. a prendere / a tutte le e-mail, / finito di rispondere / Quando avrò / uscirò / una boccata d'aria.

4. troppo presto, / mi sveglio / Se mi / durante / corico / la notte.

5. la commissione non / aveva presentato / Poiché Sandra / la domanda / l'ha accettata al concorso. / in ritardo,

6. a visitare gli Uffizi. / Anche se / da diversi giorni, / a Firenze / ci troviamo / non siamo / ancora riusciti

D Leggi e collega le colonne per formare una frase completa.

1. La nebbia ci impedisce…
2. Gli scienziati hanno affermato che tutta la fauna del lago…
3. Tra non molto i senatori inizieranno…
4. Il pubblico applaudì con entusiasmo…
5. Non ci devono essere malintesi…
6. Signora, se farà questa cura, …

a. il dibattito sulla nuova legge.
b. era morta a causa dell'inquinamento.
c. Le assicuro che si sentirà meglio.
d. tra persone che si conoscono da anni.
e. perché il pianista aveva eseguito il brano splendidamente.
f. di avere una buona visibilità.

E Leggi il dialogo e completa con le forme verbali corrette.

> ti invidio / le hai trovate / Me ne stavo / erano / si chiamano / mi sono confuso / avevo capito / sono abituato / l'ho fatto / **ci facciamo**

"Parlando di donne…"

Diego: Ecco che arriva quell'ingenuo di Gigi, adesso ___ci facciamo___ due risate. Ciao, Gigi. Cosa ci racconti di bello?

Gigi: Quest'estate ho visitato un sacco di paesi che non avevo visto. Prima di tutto sono andato a Stoccolma.

Diego: Come _____! E dimmi, ti sono piaciute le scandinave?

Gigi: Veramente, _____ un po' dure da mangiare.
Diego: Ma le scandinave sono donne...
Gigi: Ah, davvero? Io _____ che parlavi di bistecche. Sono anche passato per la Svizzera.
Diego: Mi hanno detto che le elvetiche non hanno buon gusto.
Gigi: Beh, il gusto non è male. Un po' leggerine, forse, ma molto aromatiche. E poi hanno sempre il filtro. Io, però, _____ a sigarette molto più forti.
Diego: Ma che dici? Non sai che le donne svizzere _____ elvetiche?
Gigi: Che vuoi, con tutto quel viaggiare, _____ . Poi siamo andati in Grecia.
Diego: Bravo il nostro Gigi. E le elleniche come _____ ?
Gigi: Molto invecchiate. Alcune a pezzi, altre restaurate. Quando erano nuove, però, dovevano essere molto belle. Al mio paese, di monumenti antichi non ne abbiamo tanti, ma li curiamo di più.
Diego: Che ingenuo che sei… Io parlavo delle donne elleniche, le mie preferite; non di monumenti antichi.
Gigi: Guarda, non sono mica stupido. Un errore del genere _____ solo una volta. Ma lasciami continuare. _____ in Egitto sotto il sole...
Diego: Hai visto le Piramidi?
Gigi: Come no! Non solo le ho viste, ma mi sono anche fidanzato con una di loro!
Diego: Ma come…

F Leggi le frasi e indica la funzione che esprimono.

1. Ma come, vuoi comprare un nuovo tablet? Ma nemmeno per sogno!
2. Ragazzi, secondo me questa casa è proprio piccola.
3. Esigo che tutti i progetti siano consegnati entro domani.
4. Giulio, ti ho detto no e non si discute!
5. Per favore, mi dai una mano a finire la relazione?
6. Francesco non riuscirà a superare l'esame. Figuriamoci!
7. Voglio che tu mi ascolti adesso!
8. Sei stata molto gentile, ma non dovevi scomodarti.

Affermazione: _____
Ordine: _____
Cortesia: _____
Disaccordo: _____

15 I tempi dell'Indicativo

G Leggi il testo e completa gli spazi con i verbi.

> si trascinò / prese / sentì / riempivano / faceva / spalancherete / guardava / capiva

L'uomo che rubava il Colosseo

Una volta un uomo si mise in testa di rubare il Colosseo di Roma, perché non voleva dividerlo con nessun altro. _____ una borsa, andò al Colosseo e mentre il custode _____ da un'altra parte, riempì la borsa di vecchie pietre e le portò a casa. Anche il giorno successivo fece la stessa cosa. Alla fine _____ almeno due o tre viaggi al giorno. La domenica riposava e contava le pietre rubate che ormai _____ la cantina. In seguito, cominciò a riempire il solaio e non trovando più spazio, iniziò a nascondere le pietre dentro gli armadi, sotto i divani, perfino sotto il letto. Tornando ogni volta al Colosseo, si guardava intorno e, secondo lui, una certa differenza si poteva notare... tutto gli sembrava più piccolo. Intanto continuava a riempire la borsa di pietre. Vedeva passare tanti turisti in estasi, con la bocca aperta per la meraviglia e pensava: "Ah, come _____ gli occhi il giorno che non vedrete più il Colosseo!". Passarono i mesi e gli anni, ma il Colosseo era sempre al suo posto. Il povero ladro, invecchiando, fu preso dalla disperazione. Ogni viaggio, ormai, gli costava sempre più fatica e dolore. La borsa gli rompeva le braccia e gli faceva sanguinare le mani. Quando _____ che stava per morire, _____ un'ultima volta fino al Colosseo. Non riusciva a veder nulla, perché le lacrime e la stanchezza gli velavano gli occhi. Tra i tanti turisti che gridavano in lingue diverse la loro meraviglia sentì la voce di un bambino: "Mio! Mio!". Com'era brutta quella parola lassù davanti a tanta bellezza! Il vecchio, adesso, lo _____ e avrebbe voluto dirlo al bambino, avrebbe voluto insegnargli a dire "nostro", invece che "mio", ma gli mancarono le forze.

(**Adattato da:** *Favole al telefono* **di Gianni Rodari**)

H Leggi il testo e indica se le affermazioni sono vere (V) o false (F).

Il cinema neorealista italiano

Il neorealismo italiano nasce nel secondo dopoguerra. Il cinema neorealista è caratterizzato da trame ambientate nel mondo delle classi disagiate e lavoratrici impoverite dalla guerra. In mancanza di studi cinematografici e risorse economiche, si effettuano lunghe riprese all'aperto, si utilizzano, spesso per le parti secondarie e a volte anche per quelle primarie, attori improvvisati che parlano la loro lingua, quella dei poveri. I film trattano soprattutto la situazione economica e morale del dopoguerra italiano, presentando i cambiamenti nei sentimenti e le condizioni di vita: povertà, frustrazione, disperazione, speranza, desiderio di lasciarsi il passato alle spalle e cominciare una nuova vita. Tra i grandi esponenti del movimento troviamo il regista Luchino Visconti. In *"La terra trema"* (1948) trasferì sullo schermo il mondo dello scrittore Giovanni Verga, dove i protagonisti sono i pescatori siciliani descritti in tutta la loro ricchezza umana. Altro grande regista fu Roberto Rossellini, l'autore di *"Roma città aperta"* (1944) un film che è considerato l'epopea della Resistenza. In seguito Vittorio De Sica, in collaborazione con Zavattini, realizzò dal 1946 al 1951 tre film che non saranno mai dimenticati: *"Sciuscià"*, in cui gli attori sono ragazzini presi dalla strada; *"Ladri di biciclette"*, uno tra i più bei film del mondo, la storia di un disoccupato e di suo figlio; *"Miracolo a Milano"* che tratta dei conflitti di classe. La denuncia del disagio sociale è ancora più forte nei film *"Riso amaro"* di Giuseppe De Santis. Il neorealismo finisce all'inizio degli anni '60. Infatti, già alla fine degli anni '50, le case di produzione italiane non finanziano più il cinema impegnato, ma si avviano verso la produzione consumistica. Ormai sta nascendo la *"commedia all'italiana"* e gli *"spaghetti western"*.

1. I registi nei loro film adoperano attori già affermati. ☐
2. A causa di mancanza di fondi le riprese venivano effettuate all'aperto. ☐
3. Il neorealismo riporta sullo schermo le condizioni di vita del dopoguerra. ☐
4. La *"commedia all'italiana"* e gli *"spaghetti western"* hanno ceduto il passo al neorealismo. ☐
5. Il capolavoro di Luchino Visconti fu *"Sciuscià"*. ☐
6. I produttori cinematografici non investono più capitali nel cinema impegnato. ☐

16 Congiuntivo imperfetto

seconda parte

A 1. Leggi le frasi e completa gli spazi con le voci verbali che sono nella tabella.

1. Roberta credeva che noi _____ mercoledì per il Marocco.
2. Pensavo che Roberto _____ in un'agenzia pubblicitaria.
3. Speravate che (io) _____ le ferie a settembre?
4. Vorrei che qualche volta _____ l'iniziativa anche voi.
5. Le dispiaceva che i figli laureati non _____ nel proprio settore.
6. Non mi aspettavo che voi _____ per davvero!
7. La mamma temeva che noi _____ un raffreddore.
8. Era impossibile che io _____ dodici ore al giorno.

	Lavorare	Prendere	Partire
io	lavorassi	prendessi	
tu			
lui-lei	lavorasse		
noi		prendessimo	partissimo
voi		prendeste	partiste
loro	lavorassero		

2. Adesso completa la tabella con le voci verbali che mancano.

B Collega le colonne per formare delle frasi.

1. Si diceva che Andrea e Rita…
2. Nonostante facesse una dieta molto rigida,…
3. Luisa aveva sempre sonno, benché…
4. In quella città non c'era nessuno che…
5. Michele mi chiese che…
6. Sapessi che…

a. continuava ad ingrassare.
b. parlasse l'italiano.
c. fatica!
d. vino preferissi.
e. divorziassero presto.
f. dormisse nove ore al giorno.

C Leggi le frasi e completa gli spazi con il verbo corretto all'Imperfetto Congiuntivo.

uscire / raccontare / essere / riuscire / russare / capire

1. Credevo che Nuria _____ spagnola! Invece è argentina.
2. Roberta, non credevo proprio che tu _____ con un tipo come quello!
3. Sperava molto di trovare un uomo che la _____ ; infatti è rimasta zitella.

16 Congiuntivo imperfetto

4. Non era proprio necessario che voi ci _____ un sacco di bugie.
5. Pensavi davvero che le mie parole _____ a convincere Chiara?
6. Non mi sembrava che prima del matrimonio mio marito _____ così tanto!

D Riordina le parti in parentesi e coniuga i <u>verbi</u> all'Imperfetto Congiuntivo.

1. (l'avvocato / sulla questione / <u>sapere</u> / Che / tutto)
   _____, era chiaro da come parlava.
2. (che gli / esigeva / Mio padre / <u>dire</u>)
   _____ sempre la verità. Poi si arrabbiava regolarmente.
3. (per sposare / la starlet / Tutti / che / dubitavano / <u>stare</u>)
   _____ un miliardario ottantenne per amore.
4. (voi <u>essere</u> / potevo / immaginare / Come / che)
   _____ così ingenui da crederle?
5. (il direttore / mi sembrava / vero / Non / che / mi <u>proporre</u>)
   _____ una promozione.
6. (e si aspettava / Era / un cameriere / che noi / maleducato / gli <u>dare</u>)
   _____ pure la mancia.

E Leggi le frasi e indica la funzione che esprimono.

> Augurio: ___ / Dubbio: ___ / Emozione: ___ / Volontà: ___ / Opinione: ___ / Desiderio: ___

1. Ritenevo che la sua proposta fosse la più conveniente.
2. Ci dispiaceva che il nostro amico si trovasse in un tale guaio.
3. Ad un tratto Sara cominciò a chiedersi perché quell'uomo la seguisse.
4. Il Giudice volle che l'imputato rispondesse alle sue domande in modo chiaro.
5. Se vincessimo la partita, saremmo tutti molto felici.
6. Ragazzi, vorrei che ce la metteste tutta per organizzare la festa di fine anno.

F Leggi le frasi incomplete e riscrivile con le seguenti parti che mancano, nel posto giusto:

> Non immaginavo / credemmo / Speravo / affinché (2) / Non ci aspettavamo

1. Gli ho raccontato tutto sapesse la verità.
   Gli ho raccontato tutto, affinché sapesse la verità.
2. Per un momento che Lisa fingesse di star male, per evitare la prova d'esame.
   _____.

seconda parte

3. Che la vostra città fosse più caotica della nostra.
   _____.

4. Che Andrea si rendesse conto dei suoi errori.
   _____.

5. Gli ho mandato il mio libro, lo leggesse e mi dicesse la sua opinione.
   _____.

6. Che la fisica quantistica ti interessasse così tanto.
   _____.

G) Leggi le frasi e scegli il verbo corretto.

1. La mamma voleva che io le *dicessi / telefonassi* tutti i giorni.
2. Era pieno di complessi: gli sembrava che tutti lo *prendessero / chiamassero* in giro.
3. Marco non vedeva l'ora che *venisse / andasse* l'estate.
4. Dopo dieci minuti parlavano come se *ascoltassero / fossero* vecchi amici!
5. Magari Valeria *volesse / accettasse* di sposarmi!
6. Figlio mio, sarebbe ora che tu *trovassi / cambiassi* un lavoro, che ti *sposassi / ti sistemassi* insomma!

H) Leggi il testo e scegli il modo e il tempo corretti.

Il trionfo dell'amore

Jessica non si aspettava che Mauro le (1) ___*facesse*___ una proposta di matrimonio dopo tre mesi che stavano insieme. Era certa che Mauro le (2) _____ bene, ma avrebbe preferito che (3) _____ un po' di tempo ancora. Benché (4) _____ preparando la tesi di storia dell'arte, lavorava come segretaria presso un avvocato di Firenze. In quel periodo i genitori si trovavano in Italia per stare un paio di settimane con la figlia. Quando Jessica ha dato la bella notizia, ha capito che loro non (5) _____ tanto d'accordo. Infatti, volevano che dopo la laurea (6) _____ a Boston. Al padre sembrava che Mauro non (7) _____ il marito ideale dato che non (8) _____ intenzione di abbandonare la sua città. Era difficile che Jessica (9) _____ a Mauro, quindi ha deciso di restare anche lei in Italia. È dovuto passare un bel po' di tempo prima che Jessica (10) _____ a convincere finalmente i suoi genitori!

1. a. faceva	b. facesse	c. abbia fatto
2. a. voleva	b. ha voluto	c. volesse
3. a. passi	b. passasse	c. passava
4. a. sta	b. stava	c. stesse
5. a. fossero	b. erano	c. siano stati
6. a. tornasse	b. torni	c. tornava
7. a. fosse	b. fossi	c. era
8. a. avesse	b. ha avuto	c. aveva
9. a. rinunciava	b. rinunciassi	c. rinunciasse
10. a. riuscissero	b. riuscisse	c. riusciva

Perfetto! 2

A Leggi le frasi e completa gli spazi con i verbi che corrispondono alla parola data, scritta in lettere maiuscole, al Passato Remoto e al Congiuntivo Imperfetto.

1. Ricordo che nel 1968 _____ (VISTA) Alberto proprio alla vigilia del suo matrimonio.
2. Pensavamo che alla chiusura della fabbrica più di cento operai _____ (RIMASTA) senza lavoro.
3. La figlia del Sig. Berti dopo la laurea, nel 1980, _____ (MESSA) su una farmacia in Via Rossini.
4. Quella volta non ci fu possibile partire per via del maltempo, pertanto Carla insistette che ci _____ (FERMATA) ancora due giorni da lei.
5. Sara _____ (DOVUTA) andare in Questura per fare una denuncia di smarrimento.
6. Alla fine della partita i tifosi _____ (FISCHIO) l'arbitro, chiedendo il rigore.

Tot: _____ /3

B Leggi il testo e completa usando il Passato Remoto.

L'Illuminismo in Italia

Il Settecento fu il secolo dell'Illuminismo, il movimento culturale che, fondato sull'uso critico della ragione, sui valori di libertà, tolleranza e progresso contestò l'antico regime e (gettare) _____ le basi della civiltà contemporanea. L'origine del movimento illuministico non è italiana, è inglese e soprattutto francese; le idee illuministiche (diffondersi) _____ però rapidamente anche tra i filosofi, i pensatori ed i letterati italiani. Si trattava di idee rivoluzionarie, all'inizio espresse in forma teorica, che (preparare) _____ il terreno alla non lontana Rivoluzione francese. Tutti gli uomini sono uguali di fronte alla legge; i privilegi di certe classi sono ingiusti; lo Stato, creato dai cittadini, ha il dovere di difenderli; il Sovrano riceve il suo potere non da Dio, come sostengono i monarchi assoluti, ma dal popolo. Sotto la spinta delle nuove idee alcune monarchie (trasformarsi) _____ da "assolute" in "illuminate". Quasi tutti i sovrani europei (mettere) _____ in atto una politica di riforme. Il movimento riformatore raggiunse soprattutto la Lombardia, la Toscana e Napoli. Due furono gli scrittori italiani più rappresentativi di questo periodo: Giuseppe Parini nel suo poemetto "Il Giorno" (prendere) _____ di mira la nobiltà che (descrivere) _____ come frivola e socialmente inutile; Carlo Goldoni, autore della famosa "Locandiera", (colpire) _____ ancora più decisamente la superbia dei nobili, l'avidità dei nuovi ricchi borghesi e, infine, mise in evidenza la vitalità, l'intelligenza e la dignità dei poveri e dei servi.

Tot: _____ /4

C Leggi e scegli la forma verbale giusta.

1. Elisa continuò a studiare per molte ore benché *fu / fosse* molto stanca.
2. Giulio mi telefonò per farmi sapere che *era / fosse* ancora malato.
3. Avevano girato tutto il mondo, ma alla fine *si stabilirono / si erano stabiliti* in una piccola baita sulle Dolomiti.
4. Il relatore parlò ad alta voce, affinché tutti lo *sentirono / sentissero*.
5. Sandro non ottenne niente dato che *si era comportato / si comportasse* in modo del tutto scorretto.
6. Nonostante mia nonna *aveva / avesse* 90 anni, ci vedeva e ci sentiva come una ragazzina.

Tot: _____ /3

TEST 1

D Leggi il testo e poi sottolinea le parti di testo in cui vengono presentati gli argomenti indicati.

Leonardo da Vinci (1452-1519)

È considerato uno dei più grandi geni dell'umanità. L'artista Leonardo fu architetto, pittore, scultore e scrittore. Lo scienziato Leonardo si occupò di anatomia, botanica, fisica, matematica, ottica e astronomia. Il progettatore Leonardo disegnò macchine volanti, carri armati, cannoni, navi, porti, opere di ingegneria idraulica, fortificazioni militari, scenografie per feste e spettacoli di corte. Lo scrittore Leonardo ci ha lasciato ben 7700 manoscritti, di solito scritti a rovescio da destra a sinistra, pieni di osservazioni, commenti, disegni e schizzi. Ne esistono varie raccolte e le più famose sono "Il Codice Arundel" (Londra), "Il Codice sul volo degli uccelli" (Torino), "I manoscritti" (Parigi).

L'uomo Leonardo era figlio naturale di ser Piero, notaio, e di una giovanissima contadina, Caterina. Allevato nella casa paterna, a 17 anni si trasferì a Firenze dove fu accettato come apprendista pittore nella bottega del Verrocchio. A 30 anni entrò a far parte nella Corte di Ludovico il Moro, Signore di Milano dove rimase al suo servizio per quasi vent'anni. Due anni prima della morte, l'artista si trasferì in Francia alla corte di Francesco I, suo grande ammiratore. Un'altra delle sue invenzioni è "la tecnica dello sfumato". Suoi capolavori sono la "Gioconda" (Parigi, Louvre), "La Vergine delle rocce" (Parigi, Louvre) e "il Cenacolo" (Milano).

Argomenti

1. Diverse furono le materie di studio che suscitarono l'interesse di Leonardo.
2. Lasciò all'umanità un'immensa eredità scritta.
3. Creò uno stile pittorico particolare che fece scuola.

Tot: _____ /3

E Leggi il testo e completa con i verbi corretti.

ragiona / riguarda / muore / volevo / si è sentito / avrà predisposto / scavalca / è stato

"Professò, io prima _____ dire una cosa: ma è vero che a Londra se un povero dio cade per terra perché _____ male, nessuno l'aiuta?"

"È perfettamente vero Salvatò, ma bisogna capirne il perché. Vi dovete convincere signori miei che il londinese verace, in una circostanza del genere _____ così: uno sconosciuto è sdraiato lungo il marciapiede davanti a me, forse _____ colto da malore, o forse gradirebbe semplicemente dormire per terra. In entrambi i casi il fatto non mi _____ e pertanto io non ho né il dovere né il diritto d'intervenire. Sicuramente il Comune di Londra _____ un servizio per codesta incombenza. Dopodiché lo _____ e quello _____".

"Mamma mia e come so fetienti sti londinesi". "Sia chiaro però che anche a Napoli il nostro pover'uomo finirebbe per morire e già perché qualcuno comincerebbe a gridare: Madonna! O signore si è sentito male, portate una sedia, un bicchiere d'acqua. Ed in pochi minuti cento sedie, cento bicchieri d'acqua e mille persone lo soffocherebbero e il nostro povero signore finirebbe per morire d'asfissia, anche se contemporaneamente avrebbe la consolazione di morire d'amore".

(Da "Così parlò Bellavista" L. De Crescenzo, Mondadori, 2017)

Tot: _____ /4

UNITÀ 14-16

F Leggi il testo e poi collega le frasi che descrivono alcuni argomenti presentati.

Depressione post ferie: come non essere più stressati di prima.

Il 32% degli italiani, cioè sei milioni e mezzo al termine della vacanza, si scopre più stressato di prima. Questo è il numero delle persone che soffrono di stress da rientro. Fenomeno che non è una vera e propria patologia, ma un'improvvisa condizione di disagio, di malinconia che sopraggiunge dopo il relax delle vacanze. Le sindromi da troppo riposo possono essere un malessere che si manifesta con insonnia, ansia, nervosismo e leggera depressione. Inoltre, ci sentiamo incapaci di concentrarci. Ma come, siamo stati a godere di due settimane al mare o in montagna ed ora ci sentiamo stanchi e depressi e non ce la facciamo a riprenderci? Quali sono i rimedi per recuperare la serenità perduta? Bere molta acqua, mangiare bene, dormire più a lungo, farsi docce gelate dopo un'ora di yoga mattutina, non stare sui social più di 30 minuti al giorno, stare alla luce del sole, prendersi delle pause. Inoltre, cerchiamo di non alimentare i sintomi ansiosi con pensieri negativi. Infine, è molto importante porsi degli obiettivi per ottimizzare il tempo e sfruttare le opportunità che ci aspettano nei mesi autunnali. Cosa dovrebbero dire quelli che per motivi economici o altro non hanno avuto il lusso di fare una bella vacanza?

(Adattato da http://www.liberoquotidiano.it/news/lifestyle/13223669/
depressione-post-ferie--se-siete-tanto-stressati--non-partite--.html?refresh_ce)

1. Non pensavo che la percentuale di italiani…
2. Lo sapevo che la difficoltà di dormire poteva…
3. Non credevo che stare…
4. Ero certo che lo yoga…

a. che soffrono di ansia fosse così bassa.
b. aiutava a diminuire lo stress.
c. che fosse la causa principale dell'incapacità di concentrarsi.
d. essere uno dei sintomi dello stress post-vacanza.
e. che soffrono di stress post-vacanza fosse così alta.
f. su internet facesse così male.

1. _____ / 2. _____ / 3. _____ / 4. _____

Tot: _____ /4

G Leggi le domande e rispondi usando il Congiuntivo Imperfetto.

1. – Signora Biondi, Sua figlia Le ha presentato i suoi amici?
   – No, ma quanto vorrei che me li _____!

2. – Carla rimane a casa tua stanotte?
   – No, ma a dire il vero preferirei che ci _____

3. – I Suoi figli portano sempre la cravatta?
   – No, ma sarebbe opportuno che la _____ in determinate circostanze.

4. – Il tuo ragazzo ti fa mai qualche complimento?
   – No, ma mi piacerebbe tanto che me li _____

TEST 1

5. – Il Suo fidanzato Le ha mai detto di volerla sposare?
   – No, ma sarebbe ora che me lo _____

6. – Pensi che la vita sia facile?
   – No, ma desidererei che lo _____!

Tot: _____ /3

H Leggi il dialogo e completa con le frasi. Attenzione agli intrusi!

Eleonora e Patrizia, due amiche che non si vedono da un bel po', si incontrano in un caffè di Via Montenapoleone e parlano delle loro prossime vacanze...

> Non sapevo che esistesse / mi aspettavo che venisse / Preferirei andarci / Io credevo che ti piacessero / Non immaginavo che ci fossero / mi pareva che volessero / non pensavo che un tipo come te facesse / ha insistito che visitassimo

E: Quando si programma una vacanza il pensiero va sempre agli stessi posti. Tu che pensi di fare quest'estate?

P: Ho deciso di cercare posti meno conosciuti, insomma, vacanze alternative.

E: Che strano! _____ (1) le grandi capitali e le città turistiche preferite dalla maggioranza.

P: Preferisco stare fuori dai circuiti del turismo di massa, sceglierò una destinazione inconsueta. Visiterò una minuscola cittadina della Bosnia ed Erzegovina, Blagaj, a qualche ora da Dubrovnik per un ritiro spirituale senza eguali. _____ (2) con Sergio, ma non so se potrà prendere le ferie per quel periodo.

E: _____ (3) luoghi del genere per passare l'estate!

P: Tu invece cosa pensi di fare?

E: L'estate scorsa mio marito _____ (4) Cuba. Devo ammettere che è stata una bella esperienza, ma quest'anno sarò io a scegliere il posto dove andare. Andremo a Stoccolma, dove alloggeremo presso il Jumbo Stay Hostel, che si trova proprio nell'aeroporto di Stoccolma. Si tratta di un ex Boeing-457 trasformato in un elegante albergo!

P: _____ (5) un albergo di questo tipo! Inoltre, conoscendoti, _____ (6) queste scelte alternative...

E: Cara, c'è sempre una prima volta!

Tot: _____ /6

UNITÀ 14-16

Calcolo punteggio

A-B-C-E-G: 2 errori = -1
D-F-H: 1 errore = -1

Tot: _____ /30

centoundici 111

17 Periodo ipotetico (I e II tipo)

A I Tipo

1. Leggi e completa gli spazi con i verbi in disordine che sono in parentesi.

1. Se _prende_ questa medicina, _____ nel giro di pochi giorni. (ri / de / gua / pren / rà)

2. Ragazzi, se _____ a Torino, _____ senz'altro visitare la Mole Antonelliana. (ve / dre / te / do / an / te)

3. Aldo, ti _____, se _____ a bere di questo passo. (con / bria / che / nue / u / rai / ti)

4. Se _____ la metropolitana, _____ prima! (mo / fac / dia / cia / pren / mo)

5. Se _____ il nuovo iphone, _____ quello vecchio alla nonna. (pro / re / ga / com / le / rò)

6. Figlia mia, se _____ in giro vestita così, ti _____. (i / ma / va / le / am / rai)

2. Leggi e abbina le colonne.

1. Ragazzi, se non invitate anche Renata, …
2. Non ti preoccupare! Ci penso io, …
3. Se imparano anche il russo, …
4. Nino, se finisci i compiti per domani, …
5. Se non ci sbrighiamo a comprare i biglietti, …
6. Alessandra, se capiti a Genova, …

a. vieni con mamma e papà in pizzeria.
b. va a finire che perdiamo il concerto!
c. facci un colpo di telefono!
d. sarà più facile trovare lavoro in una multinazionale.
e. se non riesci a prenotare l'albergo.
f. non verrò neppure io.

3. Leggi l'articolo e sottolinea le frasi in cui compaiono le parti verbali dei 5 periodi ipotetici della realtà, come mostra l'esempio. Alla fine prova a pensare: Sei d'accordo con l'articolo?

Qual è il rapporto tra prezzo e qualità?

1 <u>Se sei convinto</u> che un prezzo alto sia sinonimo di alta qualità, allora <u>devi farti guidare</u> dall'identità locale.
2 «Se vogliono vendere prodotti di marca o a un prezzo alto, le aziende possono stimolare l'identità locale
3 dei loro potenziali clienti, per esempio con dei simboli propri della cultura del luogo nelle loro pubblici-
4 tà», spiega Lalwani. Se si inseriranno coccarde e bandiere, dichiarazioni di qualità che fanno uso di parole
5 o espressioni del linguaggio comune, simboli grafici riconoscibili come "propri", le possibilità di successo
6 saranno maggiori.
7 Al contrario, nel caso dei discount, se si punta su prezzi bassi, è necessario intervenire su questa tendenza
8 per *scoraggiare i consumatori* a utilizzare il prezzo come metodo di valutazione della qualità. «In questo
9 caso è più utile evidenziare un'identità globale con pubblicità che sottolineino gli aspetti internazionali del
10 prodotto», commenta Lalwani.
11 Insomma, questa strategia di marketing mostra che se si manipola la mente del consumatore, riusciremo a
12 vendere un prodotto più facilmente: basta farci credere e convincerci che stiamo comprando esattamente
13 ciò che vogliamo, anche quando in realtà, spesso, non è esattamente così.

(Testo adattato dall'articolo di Chiara Guzzonato, focus.it, 12 agosto 2019,
https://www.focus.it/comportamento/psicologia/la-qualita-di-un-prodotto-dipende-dal-suo-prezzo)

seconda parte

4. Leggi, riordina le frasi e coniuga i verbi nei modi e tempi corretti.

1. jeans di Cavalli. / il periodo dei saldi, / Se **(noi) aspettare** / più questi / non **trovare** /
   _____.

2. io **fare** finta / la parola, / di non sentirlo. / mi **rivolgere** / Se Giulio /
   _____.

3. un ottimo affare. /subito / questo terreno, / Se **comprare** / **fare** /
   _____.

4. la barba, / più giovane. / se **tagliarsi** / **sembrare** / Tesoro, /
   _____.

5. otto ore / se **bere** / di fila, / **Dormire** / questa tisana.
   _____.

6. in frigo! / prima di me, / **scaldare** / le lasagne / che ho lasciato / Se **arrivare**
   _____.

B Il Tipo

1. Leggi le frasi e scrivi nello spazio giusto la lettera corrispondente al verbo che manca. Attenzione ci sono più spazi!

> a. parteciperei / **b. sposerei** / c. trovaste / d. aveste / e. comprassero / f. guadagneresti

1. Se fossi [X] più giovane, [b] Evelyn anche subito!
2. Ragazzi, se ☐ la possibilità, andreste ☐ a vivere su un altro pianeta?
3. Se avessi ☐ qualche chilo di meno, ☐ alle Olimpiadi!
4. Se cambiassi ☐ lavoro, ☐ sicuramente di più.
5. Se tutti ☐ un'utilitaria, le concessionarie non farebbero ☐ più affari.
6. Siate sinceri! Se ☐ per strada un portafoglio pieno di banconote, lo restituireste ☐ al proprietario?

2. Leggi e completa le frasi con i verbi coniugati nei modi e tempi corretti.

1. Se Rita (avere) _____ i mezzi, (assumere) _____ una babysitter.
2. Se (io continuare) _____ ad insistere, lei (potere) _____ arrabbiarsi.
3. Se (lei risolvere) _____ la questione con Roberto, (essere) _____ più tranquilla.

17 Periodo ipotetico (I e II tipo)

4. Se (Lei portare) _____ il mio cane dal veterinario, (essergliene) _____ grata.

5. Noi (accompagnarvi) _____ volentieri, se non (essere) _____ così tardi.

6. Se (dovermi) _____ accadere una cosa del genere, (non sapere) _____ come comportarmi.

3. **Leggi e scrivi una frase con il periodo ipotetico (II), come l'esempio, con il soggetto in parentesi. Attenzione! Devi cambiare anche altre parole.**

   1. Michele dorme dieci ore per notte, perciò non è mai stanco.
      (io) _Se anch'io dormissi dieci ore per notte, non sarei mai stanco._

   2. Tiziana è affascinante, perciò ha molti ammiratori.
      (noi) _____.

   3. Guadagna un sacco di soldi, perciò può fare vacanze esotiche.
      (loro) _____.

   4. Va spesso in palestra, perciò si mantiene in forma.
      (tu) _____.

   5. Lavora poco, perciò coltiva molti hobby.
      (voi) _____.

   6. Frequenta locali eleganti, perciò conosce gente importante.
      (io) _____.

4. **Leggi i seguenti testi e inserisci le parti che mancano:**

   > Se fossi / Io scriverei canzoni / mi incanterei ad osservare / sarei quel mare / Vedrei i milioni / farei ballare / ammirerei i delfini / scriverei anche / Se io potessi scegliere / Se io potessi essere / piacerebbe essere

   Se fossi il mare! _____ di cambiare, sceglierei il mare. Quel mare calmo che accarezza gli scogli ondeggiando insieme al vento, _____ che inumidisce la sabbia a riva, sarei quel mare pieno di speranza e di gioia. _____ di pesci che nuotano ed i loro colori: _____ il pesce pagliaccio che con le sue strisce bianche ed arancioni nuota nel mare; _____ che saltano gioiosi fra le onde, mi lascerei incantare dal soave canto delle balene. (B. P., classe II A)

   _____ tutto ciò che voglio, mi _____ un cantante molto conosciuto, sia Italia che all'estero, ed il mio genere musicale sarebbe il pop dinamico. _____ per far ridere la gente, per renderla soddisfatta di questa vita che molti maledicono e non ne trovano ancora il senso. Io infatti scriverei canzoni per far svanire molti pensieri tristi che affliggono ogni giorno e _____ tutti con la mia musica coinvolgente. Poi _____ canzoni che non hanno un senso logico, come fa Gigi d'Agostino, che scrive testi come "Bla bla bla" e The Riddle che servono solo per puro divertimento. (P. P., classe II A)

   (Testi presi e adattati da la Repubblica@scuola, https://scuola.repubblica.it/campania-caserta-icaldomoro/2017/03/10/largo-alla-fantasia-se-io-fossi/)

   Ora provaci tu: Se io fossi...

18 Congiuntivo trapassato — seconda parte

A Leggi le frasi e indica solo le frasi con un verbo al Congiuntivo Trapassato.

1. Non sapevi che nel 1982 la nostra nazionale avesse vinto la Coppa del Mondo?
2. Ci dispiace veramente che Salvatore abbia perso tutto al gioco.
3. La nonna si preoccupò che ci fosse successo qualcosa di grave.
4. Cercavano un manager che avesse studiato economia ad Harvard.
5. Non faceva freddo, benché nei giorni precedenti avesse nevicato molto.
6. Non è giusto che Simona abbia preso così tanto a cuore la storia con Hans.

B Leggi le frasi e scrivi negli spazi il verbo al Congiuntivo Trapassato che corrisponde all'Imperfetto indicato in parentesi, come mostra l'esempio.

1. Credevo che _avessi avuto_ (avessi) un piccolo contrattempo.
2. Non sapevamo che gli zii di Alberto _____ (nascessero) in Etiopia.
3. Pensavano che _____ (facessimo) loro un brutto scherzo.
4. Luisa gridava come se le _____ (rubassero) qualcosa.
5. Non riuscii a trovare la carta d'identità nonostante _____ (cercassi) dappertutto.
6. Il professore non era convinto che vi _____ (preparaste) abbastanza per quell'esame.

C Leggi le frasi e completa gli spazi con i verbi corretti al Congiuntivo Trapassato.

> rispondere / **pagare** / dire / darsi / essere / risolvere

1. Credevo che Stefano e Barbara _avessero pagato_ con la carta di credito.
2. Ero contenta che voi _____ tutti i problemi economici.
3. Si diceva che _____ una grande cantante dell'opera.
4. Mi dispiaceva che tu non _____ alle mie e-mail.
5. Ci siamo incontrati per caso senza che _____ appuntamento.
6. Marco ha voluto lasciare il lavoro malgrado io gli _____ di non farlo.

D Leggi e riordina le frasi.

1. che noi / in anticipo. / l'avessimo saputo / Era impossibile
   _____

2. sonno, malgrado / abbastanza. / Avevo tanto / mi fossi riposata
   _____

18 Congiuntivo trapassato

3. così tanto. / che a Bari / avesse nevicato / Non credevamo

4. che Gina non / Era un peccato / un po' di dieta / prima del matrimonio! / avesse fatto

5. in India. / che Andrea / cinque anni / avesse vissuto / Non immaginavo

6. come se l'avessero / Cristina / gridava / aggredita. / per la paura,

E Leggi e abbina le colonne.

1. Malgrado mi fosse costato un sacco di soldi,
2. Eravamo felici che la nostra squadra del cuore
3. Era vergognoso che nessuno
4. Non vedendo Marta tra i passeggeri
5. Federico cercava un'utilitaria
6. Eravamo felici che la nonna

a. che non avesse fatto più di 40.000 chilometri.
b. pensai che avesse perso il volo.
c. avesse vinto la Champions League.
d. fosse guarita nel giro di una settimana.
e. avesse mosso un dito per aiutarli.
f. il regalo che gli ho portato da Parigi non gli è piaciuto.

F Leggi il testo e completa con il Congiuntivo Trapassato e altre parole.

Il buongiorno si vede dal mattino

Nonostante i genitori la (chiamare) 1. _____ Ermenegilda, un nome veramente orribile, lei l'ha tagliato in Gilda, molto 2. _____ carino. Tutti la conoscono per i pasticci che combina, ma 3. _____ giorno proprio... non ne parliamo. Adesso vi racconteremo il perché e il percome. Dovete sapere che Gilda ha il brutto vizio di alzarsi 4. _____, cioè è una dormigliona. Un vero problema per 5. _____ ha un lavoro con un orario ben preciso.

Anche quel giorno quando è arrivata in ufficio in 6. _____, non si aspettava che il direttore la (cercare) 7. _____ per ben tre volte. Quando le ha chiesto il motivo del suo ritardo, benché Gilda (inventare) 8. _____ una bella scusa non è riuscita a raccontarla, perché lui ha subito urlato: "Se succede ancora una volta, La licenzio! Stasera rimarrà fino alle nove!". Una catastrofe per Gilda, quella stessa sera alle nove aveva il suo primo 9. _____ con un ragazzo che le piaceva tanto...

La mattina successiva si è svegliata prestissimo. Mentre preparava il caffè qualcuno ha bussato alla porta: erano due poliziotti che volevano sapere se (sentire) 10. _____ dei rumori strani durante la notte o se (vedere) 11. _____ persone sospette. Gilda non sapeva che durante la notte (svaligiare) 12. _____ la gioielleria sotto casa. Ha risposto che non ne sapeva niente, perché lei dorme come un sasso. Come sapete, una parola tira l'altra... e il tempo è volato via. Gilda è corsa alla fermata, ma purtroppo l'autobus era già passato. Così è arrivata in ufficio dopo le dieci e come potete benissimo immaginare il direttore l'ha licenziata su due piedi.

19 Preposizioni semplici e articolate 2 — seconda parte

A Leggi le frasi e scegli la preposizione semplice o articolata corretta.

1. La pubblicità è l'anima ____del____ commercio.
   a. per il   b. del   c. nel

2. Silvio non può fare a meno _____ sua chitarra, neanche quando va in vacanza.
   a. della   b. di   c. dalla

3. Il succo di pompelmo è ricco _____ vitamine.
   a. delle   b. con   c. di

4. È difficile lavorare _____ questo caldo.
   a. tra   b. in   c. con

5. Domenico, perché mi guardi _____ quel modo?
   a. nel   b. in   c. con

6. _____ pensarci bene ci conviene agire tempestivamente!
   a. A   b. Con il   c. Da

7. Professore, io preferisco la prosa _____ poesia.
   a. alla   b. dalla   c. della

8. Mettiti un po' _____ miei panni, cosa dovrei fare?
   a. ai   b. nei   c. con i

B Completa con le preposizioni corrette e indica, per ogni argomento, la frase corrispondente. Attenzione agli intrusi!

Argomenti: tè ☐ / Totò ☐ / Armani ☐ / Andrea Bocelli ☐ / caffè **1** / Augusto ☐ / Fellini ☐ / Benigni ☐

1. Lo si beve ____in____ casa e in ufficio.
2. È un comico napoletano che ha iniziato la sua carriera _____ anni '50.
3. Il suo nome è stato inserito nella Hollywood Walk of Fame per la sua attività _____ campo della musica internazionale.
4. Stilista e imprenditore italiano, _____ più celebri del mondo.
5. Imperatore romano considerato uno _____ personaggi più importanti e influenti della storia.
6. Famoso regista italiano; il titolo _____ suo film più celebre è "La dolce vita".

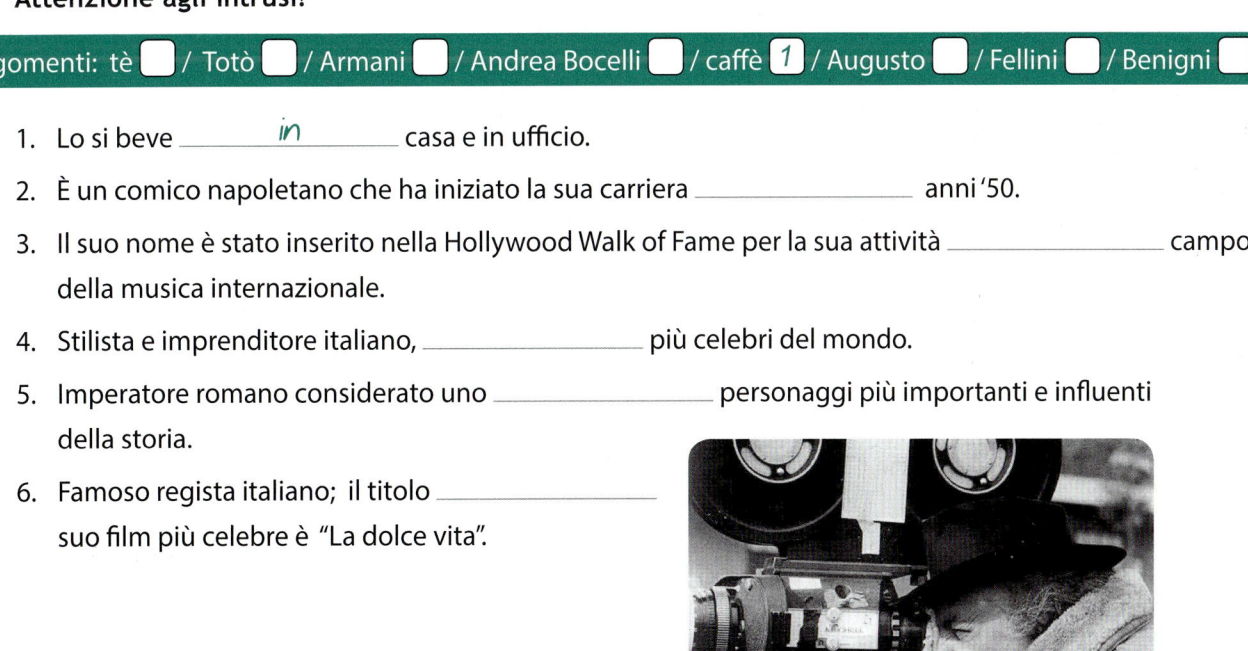

Federico Fellini

centodiciassette 117

19 Preposizioni semplici e articolate 2

C Abbina le colonne e completa con le preposizioni corrette.

1. Il nostro prodotto ha invaso il mercato europeo [e]
2. Guardi Signora, questi tappeti afgani
3. Qualsiasi sarà la tua decisione
4. Ragazzi, ho letto su internet che
5. Mi dispiace che Gianluca abbia così tanti problemi
6. Il 2 giugno è l'anniversario

a. il livello _____ Arno continua a salire.
b. sono fatti _____ mano.
c. puoi contare _____ mio appoggio.
d. _____ proclamazione della Repubblica Italiana.
e. _nel_ giro di pochi mesi.
f. _____ risolvere con suo fratello.

D Leggi il testo e scegli la preposizione semplice o articolata corretta.

Affari di cuore

Tra le malattie che colpiscono l'uomo, la più comune di tutte è sempre l'infarto. I dottori ci mettono *alla / in* guardia contro il pericolo del fumo o di un aumento *del / di* livello di colesterolo nel sangue; si scrivono molti libri *per la / sulla* dieta migliore da seguire (la mediterranea, naturalmente!); si invitano le persone a mangiare di meno; si fa l'elogio della frutta e della verdura, con tante buone vitamine.

E, infine, si dice alla gente di fare più sport. Non violente partite a tennis o frenetici esercizi in palestra, ma qualcosa di più calmo che faccia aumentare i battiti del cuore, senza però farli arrivare *al / sul* massimo! I dottori consigliano di allenarsi *dai / per* trenta minuti a un'ora al giorno. Ciò varia naturalmente *da / di* persona a persona. Gli esercizi fisici migliori? Andare *con la / in* bicicletta, fare jogging, (senza stancarsi, per carità!); camminare per almeno cinque chilometri al giorno, salire a piedi le scale, fare giardinaggio, giocare *a / con i* bambini, andare a ballare, fare l'amore solo con la moglie, (lo sforzo equivale *a / con il* salire di corsa due piani di scale...). Niente fumo, niente alcool, niente amanti quindi.

Non sarete colpiti da un infarto, ma morirete *della / di* noia...

E Leggi e riordina le frasi.

1. che aumentare. / la disoccupazione / *Nella* maggior parte / *dei* paesi d'Europa, / non fa

_____

2. *di* Giulio, / Visto che / *per la* barzelletta / si mise / tutti ridevano / *a* ridere anche lei.

_____

3. *in* tutta la città. / campioni gratuiti / distribuiscono / *A* scopo promozionale, / *del* prodotto

_____

seconda parte

4. *della* comitiva, / *dei* maschi / Il modo *di* parlare / la mia ragazza. / spesso / mette *in* imbarazzo

5. sarà grande, / *A* volte, / che quando / dice *alla* mamma / il mio fratellino / *con* lei. / si sposerà

6. unicamente / *alla* sua bellezza. / *di* sfondare / Mariella crede / *nel* cinema, / grazie

F Leggi il testo e completa con le preposizioni sempli e articolate corrette.

Cyberbullismo

Questo fenomeno è purtroppo sempre più ampio ___a___ causa della diffusione _____ social network. Per cyberbullismo si intendono abusi compiuti con l'invio ripetuto _____ messaggi offensivi tramite sms, chat e social network. Il cyberbullismo è riconoscibile _____ qualsiasi attività di pressione, molestia, ricatto o furto d'identità. _____ questo contesto, si notano anche l'acquisizione abusiva e il trattamento illecito di dati personali a danno di minorenni attraverso l'esercizio di una terribile violenza psicologica. Quali sono le conseguenze psicologiche _____ cyberbullismo? Vergogna, imbarazzo, isolamento sociale _____ vittima, depressione, attacchi _____ panico e atti estremi come i tentativi di suicidio. Infine, il cyberbullismo è una nuova forma di violenza psicologica, un'invasione e "un'appropriazione indebita" _____ vita altrui. Conoscere con precisione il nemico, può aiutare _____ combatterlo più efficacemente e, soprattutto, a prevenirlo.

(Testo adattato dall'articolo di Arturo Di Corinto, La Repubblica, 6/08/2016; https://www.repubblica.it/tecnologia/sicurezza/)

G Leggi e scegli le preposizioni semplici e articolate corrette. Poi indica di chi si tratta: A, B o C?

Di chi parliamo? Di cosa parliamo?

1. Nato *a* / *in* Firenze *al* / *nel* 1265. Poeta, scrittore e politico italiano. È considerato il padre *di* / *della* lingua italiana. La sua fama è dovuta *all'* / *a* opera la Divina Commedia. Quest'opera è universalmente considerata la più grande opera scritta *nella* / *in* lingua italiana e uno *dei* / *di* maggiori capolavori *della* / *nella* letteratura.

A. Alessandro Manzoni

B. Giovanni Boccaccio

C. Dante Alighieri

19 Preposizioni semplici e articolate 2

2. Famosa automobile superutilitaria *della / dalla* casa automobilistica torinese. Esordì *in / nell'*estate *del / nel* 1957, conosciuta *con il / dal* popolare appellativo "Cinquino". Destinata *a / per* divenire l'utilitaria con il maggior numero *delle / di* unità vendute, suscitando una forte simpatia grazie *alle / delle* sue "minime dimensioni". Fuori produzione *da / per* diversi anni viene riproposta *in / con* molte soluzioni stilistiche e versioni derivate *dell' / dall'*omonima antenata.

   A. Alfa Romeo Giulietta
   B. Fiat 500
   C. Lancia Delta

3. Città italiana, capoluogo *della / dalla* regione Veneto. *Da / Per* più di un millennio è stata capitale *di / dell'* una *delle / di* Repubbliche Marinare, conosciuta come la Serenissima e la Regina dell'Adriatico. È universalmente considerata una *tra le / con le* più belle città *in / del* mondo ed è annoverata, assieme *con la / alla* sua laguna, *tra i / in* siti italiani patrimonio *nell' / dell'*umanità.

   A. Venezia
   B. Genova
   C. Amalfi

H Leggi il testo e completa con le preposizioni e le parole mancanti.

Gibberish: parlare senza senso come quando eravamo bambini.

Il Gibberish è il linguaggio più antico al mondo, comune _____ tutti i bimbi della terra, che non segue le leggi della ragione. La parola Gibberish _____ dalla scuola mistica Sufi, in particolare da uno strano mistico, il quale parlava ai suoi discepoli e a chi andava a visitarlo usando suoni senza senso invece che parole.

Parlare in Gibberish, questa _____ senza significato, è buttare fuori tutto: emozioni, pensieri, giudizi, ricordi, avvenimenti positivi o negativi che siano, è farli uscire alla luce del sole. Ha lo scopo _____ scaricare la "spazzatura" che intasa la mente.

Parlare velocemente e ad alta voce, in un linguaggio "senza senso", è efficace per liberare il chakra della gola, il chakra della comunicazione, la cui funzione è uno scambio _____ di informazioni e di energia. È il punto di ingresso tra il mondo interno e _____ esterno.

Così si apre una porta che permette _____ nostro sé interiore di uscire nel mondo. Il chakra della gola è anche la porta interna tra mente e _____. Solo quando mente e corpo sono collegati, si ha una vera

comunicazione. Se la gola è bloccata, non possiamo tradurre la conoscenza in emozione o azione e così non siamo in grado _____ tradurre in azione quello che sappiamo che dovremmo fare. È qui che il Gibberish ci può aiutare.

L'unica regola del Gibberish è che non ci sono regole: possiamo proprio dire tutto quello che ci viene _____ mente, astenerci dal pensare, dall'interpretare e dal giudicare.

Facendo pratica _____ il Gibberish miglioreremo la nostra capacità di parlare in pubblico. Inoltre, troveremo le "parole giuste" lasciando la mente _____ pace, riscoprendo la nostra intuizione e la nostra creatività. La creatività, ci permette di ritrovare il "bambino interiore", la nostra vera natura, la nostra spontaneità e sensibilità.

(Adattato da: http://www.versolinfinitoeoltre.xyz/giocare-con-il-nonsenso-il-gibberish/)

1 Leggi e completa le frasi con le espressioni date.

> non ha peli sulla lingua / facciamo di ogni erba un fascio / **fatta con i piedi** / mettersi in proprio / ha un diavolo per capello / toccasse il cielo con un dito / ho fatto un buco nell'acqua / ha la testa fra le nuvole

1. Non posso credere che la casa editrice abbia dato a Francesca duemila euro per una traduzione _fatta con i piedi_.
2. Prima si è fatto le ossa lavorando presso lo studio dello zio e poi ha deciso di _____.
3. Dovevi vedere Sandra il giorno del suo matrimonio: sembrava che _____.
4. Ho fatto un altro tentativo di imparare il cinese; anche questa volta _____.
5. Massimo quando si tratta di difendere i propri interessi, _____.
6. Come fai a dire che tutte le donne sono chiacchierone? Non _____!
7. Di Nicola non mi fiderei affatto; lui è uno che _____.
8. Non ti conviene chiedere l'aumento proprio oggi; il direttore _____.

E adesso abbina le seguenti definizioni alle espressioni dell'attività precedente: scrivi in ogni spazio il numero della frase corrispondente.

1. un lavoro eseguito male   _1_
2. essere molto nervoso   ___
3. generalizzare senza distinzioni   ___
4. essere fuori della realtà   ___
5. parlare apertamente senza timore   ___
6. essere al massimo della felicità   ___
7. avere insuccesso   ___
8. avviare un'attività autonoma   ___

perfetto! 2

A Leggi e completa con i verbi questa famosa poesia di Cecco Angiolieri.

"Se io fossi..."

Se io fossi fuoco, brucerei il mondo.
Se io fossi vento, lo tempesterei.
Se io fossi acqua, lo annegherei
Se io fossi Dio, lo (1)_____ nel profondo. (mandare)
Se io fossi Papa, allora (2)_____ giocondo (essere)
perché (3)_____ tutti i cristiani. (imbrogliare)
Se io fossi imperatore, sai che farei?
(4)_____ la testa a tutti! (tagliare)
Se io fossi morte, (5)_____ da mio padre. (andare)
Se io fossi vita, (6)_____ da lui. (fuggire)
La stessa cosa farei con mia madre
Se io fossi Cecco, come sono e fui, le donne
giovani e belle terrei, e le vecchie e brutte
le lascerei agli altri.

Tot: _____ /3

B Leggi e riordina le frasi.

1. in piscina / potrebbe / sapesse nuotare, / venire / con noi. / Se Vittoria
_____.

2. la mattina / sempre / non saresti / Se non facessi / le ore piccole, / a pezzi.
_____.

3. al ricevimento, / Se Martina / presentarle Luigi. / venisse / potremmo
_____.

4. mi interesserebbe / Se questo / offrisse / a Torino / buone prospettive, / molto. / lavoro /
_____.

5. un buon servizio, / Se in questo / ci verremmo / spesso. / avessero / ristorante
_____.

6. il filo. / con Dino, / Se / non fosse / Alice / le farei / fidanzata
_____.

Tot: _____ /3

TEST 2

C) Leggi il testo e completa gli spazi con le parole corrette.

Vuoi vivere a lungo e invecchiare bene? La soluzione è il Nordic Walking.

Il Nordic Walking è una camminata naturale e dinamica alla quale viene aggiunto l'utilizzo (1) _____ due appositi bastoncini. È una disciplina molto recente (1997) nata ufficialmente in Finlandia (2) _____ venisse praticata già molti anni prima come allenamento (3) _____ parte degli atleti della nazionale finlandese di sci di fondo nel periodo estivo. Il Nordic Walking è uno sport (4) _____ portata di tutti, poco costoso che garantisce tutti i benefici del movimento all'aria aperta. Fa bene al cuore e alla circolazione, rinforza braccia e spalle, migliora la postura, tonifica glutei e addominali, infine, potenzia l'equilibrio dinamico. Come dimostrato da recenti studi fa bene persino agli anziani (dai 60 ai 92 anni). Può essere considerato una vera e propria "prescrizione medica" in grado di migliorare la capacità aerobica, la forza muscolare e la qualità di vita (5) _____ anziani. La primavera risulta la stagione ideale per avvicinarsi ad una disciplina che può essere un ottimo antistress e che regala anche un benessere mentale. Per ottenere i massimi benefici da questo sport è molto importante partire da una corretta esecuzione della tecnica utilizzando sempre e solo dei bastoncini che devono essere rigorosamente da Nordic Walking e non da trekking. Altra cosa fondamentale è la scelta del terreno adatto alla pratica di questa attività. (6) _____ la scelta della calzatura giusta non è una cosa da sottovalutare. È fondamentale seguire un corso introduttivo e affidarsi soltanto ad istruttori qualificati che sapranno trasmettere la giusta tecnica.

(Per approfondire, leggi: https://www.repubblica.it/salute/alimentazione-e-fitness/2018/05/24/news/la_ricetta_del_nordic_walking_per_vivere_e_invecchiare_bene-196169713/)

1) per / con / a / di
2) benché / secondo / affinché / purché
3) in / da / per / su
4) da / con / tra / a
5) agli / negli / degli / per gli
6) che / soltanto / anche / forse

Tot: _____ /3

D) Leggi le frasi e completa con il Congiuntivo Trapassato.

nascere / colpire / prepararsi / divertirsi / parlare (2)

1. Ci sembrò che gli ospiti non _____ abbastanza.
2. Il responsabile avrebbe preferito che i dipendenti _____ prima con lui.
3. Malgrado Maria Rita _____ in Florida, parlava un italiano impeccabile.
4. Sebbene Giulia non _____ bene per l'esame, è riuscita a prendere un bel voto.
5. Si diceva che un disastroso terremoto _____ il Messico.
6. Benché io gli _____ molto gentilmente, Alberto si è arrabbiato lo stesso.

Tot: _____ /3

UNITÀ 17-19

perfetto! 2

E Leggi e abbina le colonne.

1. Secondo me, sarebbe stato meglio se
2. Chiunque avesse visto quella scena,
3. La polizia sospettava che la donna
4. A dir la verità ci aspettavamo che
5. Laura indossava sempre quei vecchi abiti sebbene
6. In ufficio dubitavano che

a. avesse partecipato alla rapina.
b. non avrebbe potuto trattenere le lacrime.
c. noi fossimo capaci di sistemare il computer.
d. tu avessi preso prima dei provvedimenti.
e. il nostro partito prendesse più voti.
f. ormai non fossero più di moda.

Tot: _____ /3

F Leggi e trasforma le seguenti frasi al passato.

1. È un vero peccato che non abbiate visitato il Museo delle Cere a Londra.
   _____.
2. Mi dispiace molto che Mauro si sia ammalato di nuovo.
   _____.
3. Benché Luisa stia facendo una dieta rigorosa, non riesce a dimagrire.
   _____.
4. È strano che non sia ancora arrivata una risposta alla mia richiesta di lavoro.
   _____.
5. Mi fa piacere che sia venuta anche Sandra in crociera con voi.
   _____.
6. Sospettiamo che quei due non si siano incontrati per caso ieri.
   _____.

Tot: _____ /3

G Leggi le frasi e scegli la preposizione corretta.

1. Poiché Pino sta passando un momento difficile, ha messo _____ vendita la sua Vespa.
   a. per   b. in   c. alla
2. Per gli appuntamenti con i clienti non posso fare _____ meno della mia agenda.
   a. di   b. con   c. a
3. Signorina Eva, questi ordini sono tutti _____ spedire entro oggi.
   a. da   b. per   c. a
4. Un capitano dovrebbe essere sempre l'ultimo _____ abbandonare la nave.
   a. ad   b. per   c. di
5. Roberta è veramente molto simpatica, ma sta troppo _____ sue!
   a. con le   b. dalle   c. sulle
6. _____ via di quello scandalo, il Ministro ha deciso di uscire dalla scena politica.
   a. per   b. in   c. dalla

Tot: _____ /3

TEST 2

H) Leggi e trova i quattro errori.

1. Ho chiesto un appuntamento al direttore per parlare a quattr'occhi.
2. Gianni, quello che dici non ha niente a che fare per il nostro argomento.
3. Camminarono in riva del mare, tenendosi per mano.
4. Pochi capiscono il suo senso dell'umorismo; gli altri lo prendono per stupido.
5. Questo palazzo risale dal periodo di Mussolini.
6. Se arrivi in piazza, trovi un magazzino d'ingrosso; io abito proprio accanto.

Tot: _____ /3

I) Collega le frasi in modo da ottenere un unico periodo, eliminando o aggiungendo alcune parole.

1. Stasera vieni anche tu al concerto.
   Ti presento Laura.
   Laura frequenta un corso con me all'università.
   _____
   _____

2. Dimentichi il passaporto.
   Non potrai prendere l'aereo con noi.
   Rimarrai qui per tutta l'estate.
   _____
   _____

3. Io pensavo.
   I bambini fossero rimasti a casa.
   I bambini si erano comportati male.
   _____
   _____

4. Caterina continuava ad arrabbiarsi.
   Io avessi detto a Caterina più volte di calmarsi.
   Caterina non voleva accettare quello che avevo fatto.
   _____
   _____

5. Sono un po' arrabbiato.
   Ho prestato il mio nuovo computer ai miei amici.
   Nel giro di pochi giorni mi hanno riempito il computer di virus.
   _____
   _____

6. I medici mettono in guardia i giovani dall'uso eccessivo dei telefonini.
   I medici invitano i giovani a leggere di più.
   I medici invitano i giovani a fare più attività fisica all'aria aperta.
   _____
   _____

Tot: _____ /6

Calcolo punteggio (in green)
   A-B-C-D-E-F-G-H: 2 errori = -1/2
   I: 1 errore = -1

Tot: _____ /30

UNITÀ 17-19

20 Periodo ipotetico (III tipo)

A Leggi le frasi e scegli il verbo corretto.

1. Se non ci *fosse / sarebbe* stato lo sciopero dei mezzi, *fossi / sarei* arrivato prima.
2. Fantastica la festa di ieri! Se non *avrei / avessi* avuto tanta fretta, *sarei / fossi* rimasta di più.
3. Sinceramente, se *avessi / avrei* avuto la possibilità, *avessi / avrei* fatto un master in un'università americana.
4. Se ci *saremmo / fossimo* conosciuti prima, ci *saremmo / fossimo* senz'altro sposati.
5. Se tutti *avessero / avrebbero* pensato al futuro dei loro figli, non *avremmo / avessimo* distrutto l'ambiente in cui viviamo.
6. Se in casa ci *avrebbero / avessero* spiegato che tutti gli uomini sono uguali *avessimo / avremmo* rifiutato il razzismo.

B Leggi e comprendi la situazione, poi scrivi un' ipotesi con il periodo ipotetico (III tipo), come mostra l'**esempio**.

Emma non ha insistito. Non ha ottenuto l'aumento.
Se avesse insistito, avrebbe ottenuto l'aumento.

1. Non l'ho offeso. Non gli ho chiesto scusa.

2. Non si sono comportati bene. Non li ho invitati un'altra volta.

3. Non ha lavorato sodo. Non ha fatto carriera.

4. Non hanno usato le cinture di sicurezza. Non si sono salvati.

5. Non gli abbiamo telefonato. Non è venuto a prenderci.

6. Non l'ho riconosciuta. Non l'ho salutata.

C Leggi e completa con le forme verbali corrette del periodo ipotetico (III tipo).

1. Se mio padre non (sposare) *avesse sposato* mia madre, io non (nascere) _____ mai _____.
2. (Essere) _____ meno ribelle, se la mia famiglia (occuparsi) _____ di me.
3. Se (seguire) _____ i consigli di vostro padre, (evitare) _____ molti errori inutili.
4. Se (sapere) _____ controllare i nostri nervi, non (ferire) _____ persone a noi care.

seconda parte

5. (Diventare) _____ un buon cittadino, se a scuola ti (insegnare) _____ cos'è il civismo.
6. Se Valeria non (ricevere) _____ l'eredità del nonno, Carlo non la _____ mai _____ (sposare).

D Leggi e abbina le colonne.

1. Se Pina e Mauro avessero adottato un orfano, ...
2. Ingrid è ancora a Firenze; se fosse partita per Francoforte, ...
3. Se avessero lavorato sodo, ...
4. Se l'aveste conosciuto meglio, ...
5. Marta non avrebbe mai conosciuto Diego, ...
6. Se i miei non si fossero accorti del mio talento, ...

a. se non fosse andata in Argentina.
b. avrebbero salvato una vita.
c. non sarei diventata una soprano.
d. ci avrebbe mandato un messaggio.
e. sarebbero riusciti ad acquistare casa anche loro.
f. avreste cambiato idea su di lui.

E Leggi la lettera e metti in ordine le parti in *corsivo*.

Lettera ad un fratello mai nato

Oggi, torno a scrivere. E lo faccio per raccontarvi una storia _____ (*stata / che / la più bella / sarebbe / del mondo*), _____ (*avuto / l'occasione / se / di nascere / avesse*) e di svilupparsi nel corso degli anni. Una storia mai nata, mai vissuta. _____ (*stato, / adesso / tu ci fossi / Se / sarebbe*) tutto diverso. E sicuramente, saresti diventata la mia parte migliore. Quella che… ancora oggi, fa molta fatica a venire fuori. Avrei voluto avere la possibilità di amarti, di viverti fino in fondo. Di averti vicino.

Non ci saremmo mai lasciati, di questo ne sono fermamente convinto, _____ (*stato / presi / per mano / e sarebbe / per sempre / ci saremmo*). E chissà quante bellissime cose, avremmo fatto insieme, _____ (*nato / fossi / se / anche tu*). Avrei voluto sentire il suono della tua voce, _____ (*voluto / stretto stretto / abbracciarti / a me / avrei*). Purtroppo, tutto questo non è mai stato possibile.

Rimarrà sempre un grande rimpianto, dentro di me. Adesso, si riesce a capire un po' meglio, perché l'Amicizia è un sentimento così importante, per me? Speriamo sia più chiaro così. Bisogna saper leggere dentro l'anima della persona e imparare a comprenderla, anche quando è in silenzio. Perché si capiscono molte più cose. Tornando a noi, la mia vita, fino ad ora, è sempre stata piena di chissà come sarebbe andata se…

Ecco… uno di questi voglio dedicarlo a te: _____ (*andata / ci fossi / come / Chissà / sarebbe / se tu / stato*). Non potremmo mai scoprirlo, perché il "destino" ha voluto che andasse diversamente.

Comunque… tu veglia sempre su di me. Mi raccomando, come soltanto gli Angeli possono fare.
Il mio pensiero va sempre a te.

Con amore, tuo fratello Claudio.

(Testo adattato da http://www.vivavoceweb.com/2017/10/18/sava-lettera-ad-un-fratello-mai-conosciuto-se-tu-ci-fossi-stato/)

20 Periodo ipotetico (III tipo)

F Leggi i testi e indica i verbi corretti.

1. _____

Stanotte Luigi non ha dormito a casa. Probabilmente è rimasto a dormire dalla sua ragazza. Siccome una cosa del genere non era mai successa prima, al suo rientro ha trovato i genitori preoccupatissimi. Avevano passato la notte in bianco e avevano gli occhi tutti rossi. Luigi ha capito il suo errore. Se li *avessero avvisati / avesse avvisati* che non rientrava, non *sarebbero stati / sarebbe stato* in pensiero.

2. _____

Sabato scorso sono uscita con un ragazzo che avevo conosciuto in palestra. Capirai, primo appuntamento e lui voleva fare un figurone. Per questo aveva prenotato un tavolo al ristorante Belvedere, quello con la vista sul mare. Strada facendo ho capito che neanche lui conosceva la strada e gli ho consigliato di usare il navigatore. Lui ha insistito che sapeva benissimo come andarci...ovviamente ci siamo persi! Morale della favola, siamo arrivati con due ore di ritardo. Se mi *avesse dato / avessi dato* retta, non *avrei perso / avremmo perso* la prenotazione!

3. _____

Oggi il professore di storia ci ha parlato di Archimede. Famoso matematico, fisico e inventore di Siracusa che tutti ricordano per la sua frase *"eureka!"*, che significa "ho trovato!". Mentre stava nella sua vasca da bagno, si accorse che il livello dell'acqua era salito. In questo modo fece una grande scoperta e per l'entusiasmo si mise a correre nudo per le strade della città. Ora che ci penso, Archimede non *avesse scoperto / avrebbe scoperto* il principio che prese il suo nome, se quel giorno non *avesse fatto / avrebbe fatto* il bagno per rinfrescarsi!

Ora rileggi i testi e indica per ognuno il titolo corretto.
A. L'invenzione salva relazione
B. Un avviso mancato
C. Pazzo di gioia

21 Verbi pronominali ed espressioni idiomatiche — seconda parte

A Riordina le frasi.

1. di praticare / ha deciso / speriamo che / l'alpinismo, / Cristiano / ce la faccia.

2. di Paolo / nulla. / non gliene importa / A Marianna / più

3. tanto, / e me la sono cavata / non avessi studiato / ho superato / l'esame / Nonostante / con un 27.

4. vedere. / ti voglio / più / Non / Vattene!

5. prendersela. / non vanno bene / Se qualche volta / in ufficio, / le cose / non vale la pena

6. Massimo / la gara / per vincere / Sono sicura che / di nuoto. / ce la metterà tutta

B Completa il cruciverba con le coniugazioni dei verbi indicati.

Orizzontale
2. (Congiuntivo presente – lei farcela)
5. (Imperfetto – io sentirsela)
6. (Futuro – lei mettercela)
8. (Indicativo presente – io tenerci)
10. (Indicativo presente – lei importarsene)

Verticale
1. (Passato prossimo – lei dirmene)
3. (Passato prossimo – noi prendersela)
4. (Indicativo presente – noi spassarsela)
7. (Passato prossimo – io cavarsela)
9. (Imperativo – tu andarsene)

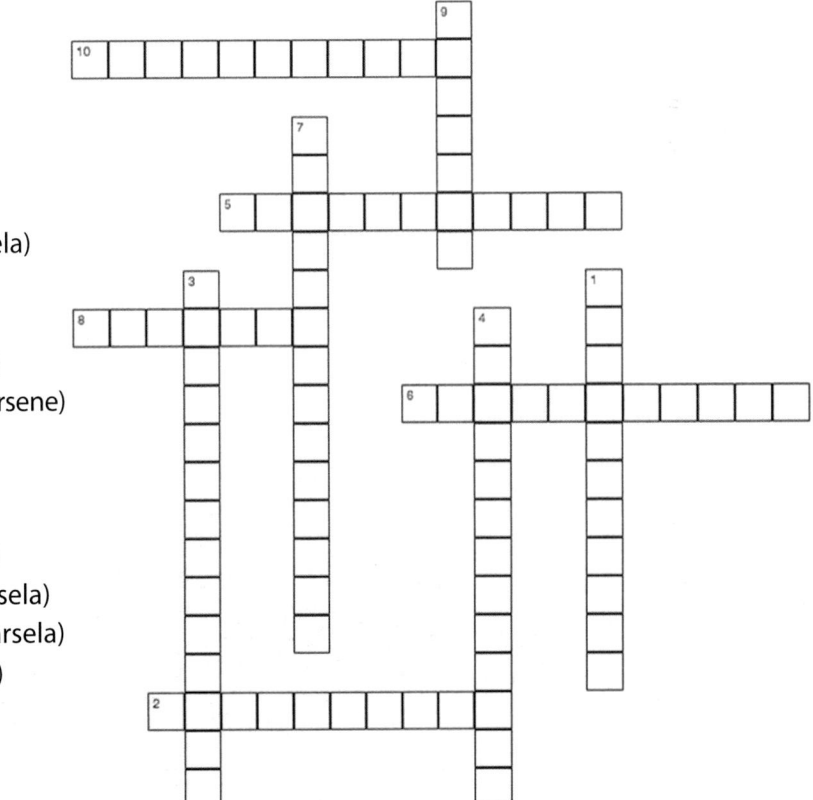

21 Verbi pronominali ed espressioni idiomatiche

C Leggi le frasi e scegli l'espressione corretta.

1. Alla festa di Teo mi sono annoiata a morte. Verso le nove ho trovato una scusa e ___b___.
   a. me la sono cavata
   b. me ne sono andata
   c. ce l'ho fatta

2. - Michele hai bisogno di una mano? - No grazie, _____ da solo.
   a. ce la faccio
   b. me la spasso
   c. ce la metto

3. Mancano 150 Km per arrivare a Milano, _____ di guidare ancora?
   a. te la senti
   b. te ne vai
   c. ci tieni

4. Io non _____ più a lavorare così tante ore al giorno.
   a. ci faccio caso
   b. me ne sono andata
   c. ce la faccio

5. Finalmente Franca è partita per l'India, _____ tanto.
   a. ci badava
   b. ci teneva
   c. ci metteva

6. Se un giorno lo vedo, ti assicuro che _____ di tutti i colori.
   a. me ne vado
   b. gliene dico
   c. me la vedo

D Leggi le situazioni e indica per ogni <u>parte sottolineata</u> il verbo pronominale che esprime il significato corrispondente.

`a. spassarsela / b. fregarsene / c. passarla liscia / d. starsene buoni / e. avercela con qualcuno / f. farsene una ragione`

1. Mi dispiace dirtelo, ma se Gabriele non risponde ai tuoi messaggi, significa che <u>non si interessa minimamente a te</u>.
2. Tutti i ragazzi <u>provano antipatia per</u> Roberto, perché è un tipo arrogante e scontroso.
3. Bambini, <u>se fate i bravi</u>, domani vi porterò allo zoo.
4. Antonio, sono arrivate le vacanze. Ora cerca di <u>rilassarti e di divertirti</u>!
5. Anche se non sei stato promosso, devi <u>rassegnarti</u> e continuare a lavorare come prima.
6. I miei non si sono accorti che sono rientrato all'alba, per questa volta <u>ho evitato una punizione</u>.

Ora prova a riscrivere, sul tuo quaderno, le stesse frasi con il verbo pronominale corrispondente coniugato in modo corretto.

Mi dispiace dirtelo, ma se Gabriele non risponde ai tuoi messaggi, significa che se ne frega di te.

E Leggi il testo e completa con le espressioni date.

`se la spassa / chi se ne frega / l'ha passata liscia / se l'era legata al dito / ce l'hai con me / se n'è stato buono`

Björn uno studente svedese è a Lisbona per l'Erasmus, città che ama molto per la sua cultura e storia, ma soprattutto per le sue belle ragazze... per questo ___se la spassa___ dalla mattina alla sera. Quando ha conosciuto Beatriz per un periodo _____, poi ha ricominciato le sue solite avventure. La prima volta Beatriz l'ha perdonato, così Björn _____... La ragazza in realtà _____ e ha deciso di lasciarlo. Lui l'ha cercata ripetutamente chiedendole *"Ma perché _____? Che cosa ti ho fatto?"*. Alla fine, Björn, ha superato questa delusione d'amore. Infatti, oggi quando gli amici gli chiedono: *"A Beatriz ci pensi ancora?"* lui risponde con un bel... _____!

22 Discorso diretto e indiretto

seconda parte

A Discorso indiretto con frase principale al presente

1. Leggi le frasi e <u>sottolinea</u> le parole che cambiano.

1. Ugo dice: *"<u>Io giovedì avrò</u> molto da fare"* → Ugo dice che <u>lui giovedì avrà</u> molto da fare.
2. Diego dice: *"Noi andiamo spesso in chiesa"* → Diego dice che loro vanno spesso in chiesa.
3. Eva dice: *"Non è di mio gusto!"* → Eva dice che non è di suo gusto.
4. Sandro dice: *"Non sono affari nostri!"* → Sandro dice che non sono affari loro.
5. Aldo dice: *"Questo quadro non è autentico"* → Aldo dice che quel quadro non è autentico.
6. Mike dice: *"Lasciami qui da solo!"* → Mike dice di lasciarlo lì da solo.
7. Paolo e Stefano dicono: *"Lasciaci la macchina per favore!"* → Paolo e Stefano dicono di lasciargli la macchina.

1.1 Ora completa la tabella con le parole che cambiano, come nell'esempio.

Discorso diretto	→	Discorso indiretto
dice, dicono: "…"	→	_____
io, noi	→	lui, _____
mi, ci	→	_____
mio, nostro	→	_____
questo	→	_____
qui, qua	→	_____
lascia	→	_____

2. Leggi e trasforma i messaggi dal discorso diretto al discorso indiretto.

Giovanni:	Vado a lavorare più tardi, perché devo passare in banca.
Claudia:	I miei amici arrivano a casa per le 20:00.
Piera:	Il nostro progetto è molto più completo ed economico.

Carlo:	Sono in ufficio, ma qui non c'è ancora nessuno.
Pino:	Portami la macchina a casa, verso le 10:00.

1. Piera dice _____.
2. Giovanni dice _____.
3. Pino dice _____.
4. Carlo dice _____.
5. Claudia dice _____.

22 Discorso diretto e indiretto

B Discorso indiretto con frase principale al presente e al passato

1. Trasforma le frasi come mostrano gli esempi.

"Noi non accettiamo mance".
Dicono che loro non accettano mance
Dissero che loro non accettavano mance

1. "Mangio ogni giorno al ristorante cinese".
   Dice che ___
   Disse che ___
2. "Se avete da fare, me ne vado subito".
   Dice che ___
   Disse che ___
3. "Non mi potrò dimenticare mai di te".
   Dice che ___
   Disse che ___
4. "Vorrei guidare la fuoriserie di Marco".
   Dice che ___
   Disse che ___
5. "Gino è andato a casa di Giulia e Marco, ma loro non c'erano".
   Dice che ___
   Disse che ___
6. "Siamo costretti a lavorare anche il sabato".
   Dicono che ___
   Dissero che ___

2. Leggi, metti in ordine le frasi e indica se il discorso è diretto D o indiretto I. Poi trasforma ogni frase dal discorso diretto al discorso indiretto e viceversa.

1. arrivavano / Il papà / in tempo. / disse / che le notizie non / che sapeva già ☐

   Trasforma: ___

2. studiavamo / I ragazzi / risposero: / a Padova. / Nel 2010 ☐

   Trasforma: ___

3. rimasto / confessò / che era / al verde. / Igor ☐

4. a Ostia Lido. / la nonna / che aveva / mi disse / Il nonno / conosciuto ☐

   Trasforma: ___

5. mormorò: / Il paziente / consigliato / di non bere. / mi aveva / Il medico ☐

   Trasforma: ___

6. tutto / Paolo le / ripeté / che voleva. / che aveva fatto / quello / per lei ☐

   Trasforma: ___

3. Leggi il testo al discorso diretto e poi completa il testo al discorso indiretto.

Il medico dichiarò: "Non è niente di grave, avrà preso solo un po' di freddo." e assicurò la madre: "Ben presto tornerà a scuola, ma bisogna che resti al caldo per alcuni giorni." e le raccomandò: "Controlli sempre la temperatura." Lei lo ringraziò e gli disse: "È stato molto gentile a venire da noi a quest'ora." Il medico rispose: "Per me è normale." Inoltre, aggiunse: "Ripasserò domani mattina."

seconda parte

Discorso indiretto

Quando faceva la prima liceo Marina tornò da scuola dicendo che si sentiva poco bene e la madre preoccupatissima chiamò il medico.

Dopo aver visitato Marina, il medico dichiarò che _____.

Assicurò la madre che _____,

e le raccomandò di _____.

Lei lo ringraziò e gli disse che _____.

Il medico rispose che _____.

Aggiunse che _____.

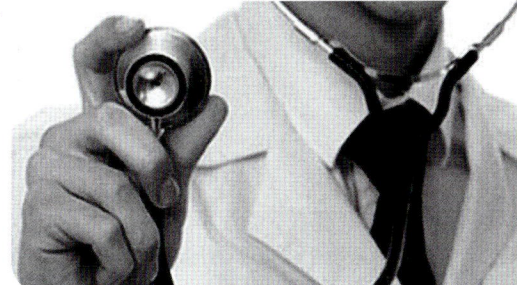

4. Leggi e trova l'errore.

1. Quando a Natale ho visto Daniele, mi ha detto che **tre giorni fa** aveva cominciato a lavorare.
2. Matteo mi avvertì che passerà a prendermi a casa con la sua macchina.
3. Antonella si domandò che cosa sarebbe successo a Paolo la sera prima.
4. Avevo raccomandato a Bianca di non arrivare in ritardo a quell'appuntamento.
5. Mi risposero che se andassi al Consolato, mi avrebbero dato le informazioni necessarie.
6. Il dottore ci aveva assicurato che fra due giorni avremmo avuto i risultati delle radiografie.

1. _giorni prima_   2. _____   3. _____
4. _____   5. _____   6. _____

5. Leggi e trasforma le domande al discorso indiretto.

Un delitto quasi perfetto

Nel paesino di San Germano, tra le montagne del Trentino, la contessa Lo Basso fu ritrovata morta nella sua villa. In base ai primi indizi, la morte della giovane contessa non sembrava dovuta a cause naturali. Un'ora dopo il delitto, il commissario Nardi interrogò il primo sospettato, il conte Lo Basso, marito della vittima, chiedendogli:

"A che ora è andato a letto ieri sera?"
"Si è svegliato durante la notte?"
"Pensa che un estraneo sia entrato in casa sua?"
"Mi può spiegare la causa di questi graffi sul viso?"
"Crede che Sua moglie abbia dei nemici?"
"Perché quando ha scoperto il corpo senza vita della moglie, non ha chiamato subito la polizia?"
"Ha qualcosa da nascondere?"
"Vuole parlare con il Suo avvocato?"

Il commissario Nardi gli chiese...
_____
_____
_____
_____
_____
_____
_____
_____

perfetto! 2

A Completa il periodo ipotetico di III tipo.

1. Se non avessero discusso di politica, non (finire) _____ per litigare.
2. Se non fosse scoppiato quello scandalo, noi (continuare) _____ a lavorare per quella ditta.
3. Se tu non avessi buttato lo scontrino, (riuscire) _____ a cambiare la merce.
4. Se stanotte quei rumori non vi avessero svegliato, (riposarsi) _____ abbastanza.
5. Se il teste non avesse deposto a favore suo, il giudice non (assolverlo) _____ .
6. Se mi fossi comportato meglio, non (accadere) _____ tutto ciò.

Tot: _____ /3

B Leggi e riordina le frasi.

1. due giorni fa, / Se / avreste conosciuto / i miei ospiti. / foste arrivati
   _____ .
2. avremmo evitato / messi d'accordo prima, / se ci fossimo/Ragazzi, / quel malinteso.
   _____ .
3. aumentato le tasse. / non avrebbero / state tante / Se / non ci fossero / evasioni fiscali,
   _____ .
4. mi sarebbe / potuto bere / Se a Venezia / non avessi / un caffè al Florian, / una tappa fondamentale. / mancata
   _____ .

Tot: _____ /4

C Leggi i testi e completa il periodo ipotetico usando le parole in neretto.

1. Fin da piccolo vostro figlio ha fatto sempre tutto quello che voleva. Gli facevate passare tutti i capricci e non avete mai saputo dirgli di no, per questo secondo me non può **diventare responsabile**.
   Se non lo aveste viziato così tanto, _____ .

2. Quando ero giovane avevo un buon lavoro e guadagnavo un sacco di soldi, ma spendevo tutto solo in viaggi e divertimenti. Adesso mi trovo in difficoltà. Non ho la possibilità di **comprare** una **casa**.
   Se da giovane non avessi avuto le mani bucate, _____ .

3. Johannes Gutenberg ha fatto un gran dono all'umanità, la scoperta di una nuova tecnica per la stampa dei libri. La Bibbia fu il primo libro stampato con una tiratura di 180 copie, che suscitò immediato entusiasmo per la qualità tipografica. Grazie a lui, noi **abbiamo letto tanti libri!**
   Se Gutenberg non avesse inventato la stampa moderna, non _____ !

TEST 3

4. Juan e Pedro studiano Storia del cinema a Madrid. Il 30 luglio avevano già finito la sessione di esami e come ogni anno sono partiti per il loro paese, in Andalusia. Io ho preso le ferie in agosto prenotando una vacanza a Madrid. Il 3 agosto ero lì, ma loro erano già partiti, così non **li ho potuti incontrare**.

   Se Juan e Pedro si fossero fermati a Madrid ancora per una settimana, _____

   Tot: ____ /4

D Leggi le frasi e scegli l'espressione corretta.

1. Non preoccupatevi per me _____ da sola.
   (a) mi lo caverò   (b) me la caverò   (c) la mi caverò

2. Non andrò mai a visitare quei luoghi, perché _____ di vedere gli orrori della guerra.
   (a) non mi va   (b) non mi vanno   (c) non li va

3. Alla fine del film, gli spettatori _____ con le lacrime agli occhi.
   a. ci sono andati   b. se ne sono andati   c. ce ne sono andati

4. _____ almeno un milione di euro per comprare quell'appartamento.
   (a) Ci vorrà   (b) Ci vogliono   (c) Ci volete

5. È chiaro che le persone permalose _____ facilmente.
   (a) me la prendono   (b) se la prendono   (c) ce la prendono

   Tot: ____ /5

E Completa il testo con le espressioni corrette:

> ce la metterò tutta / ci tieni / me ne frego / se n'è andata / me la sento / farcela / non ne posso più / smettila

Sta arrivando l'estate e Carmen si incontra con la sua amica Rosa.

C: Ciao Rosa! Vado in vacanza a Malaga e non _____ di indossare il bikini senza perdere prima qualche chiletto... _____ di questi chili di troppo!

R: Allora, hai deciso di metterti a dieta? Hai consultato un dietologo?

C: Ho letto un articolo su internet e dice che si possono perdere dieci chili in quindici giorni.

R: Ricorda però che oltre alla dieta devi anche fare tanto esercizio, magari in palestra oppure seguire un corso di yoga.

C: Ho promesso a me stessa che _____. Sono sicura di _____ questa volta.

R: So che _____ alla linea perciò _____ di lamentarti e passa ai fatti!

Alla fine...l'altro ieri ho visto Carmen entrare in una pasticceria ed uscirne con un enorme gelato al cioccolato. Quando si è accorta della mia presenza _____ a testa bassa. A questo punto io _____. Faccia quello che vuole!

Tot: ____ /4

UNITÀ 20-22

centotrentacinque 135

perfetto! 2

F Leggi e trasforma le frasi al discorso indiretto.

1. Gli operai dissero: "Entro domani finiremo tutte le riparazioni dell'appartamento".

2. La signora Vedovelli disse: "Quando le mie amiche vengono a trovarmi, mio marito potrebbe fare a meno di corteggiarle".

3. Il professore chiese alla classe: "Sapete il nome del primo uomo che ha messo piede sulla Luna?".

4. Il giornalista durante la trasmissione domadò: " Signor Ministro, trova giusto che moltissimi paesi non abbiano ancora abolito la pena di morte?".

5. Il vecchio generale dichiarò: "I miei soldati, passato il primo momento di panico, si batteranno come leoni".

6. L'insegnante chiese agli studenti: "Avete finito il test?".

Tot: _____ /6

G Leggi il dialogo diretto e poi indica i verbi corretti nel testo al discorso indiretto.

Francesca è una sedicenne di Bologna che al suo rientro dal liceo parla con la mamma.

F: "Luca mi ha proposto di andare con lui e sua sorella in Inghilterra nel mese di luglio per un soggiorno linguistico."
M: "Siete troppo giovani per partire da soli."
F: "Ma no, mamma! Luca ha diciannove anni; inoltre, l'estate scorsa lui e sua sorella sono già andati in vacanza senza i loro genitori!"
M: "Dove alloggerete? Gli alberghi sono molto cari a luglio."
F: "Ho già messo da parte tutti i soldi che mi date ogni mese. E poi possiamo sempre dormire negli ostelli della gioventù, oppure cercare un piccolo appartamento tramite airbnb."
M: " Non so, devo prima parlarne con tuo padre e vedere cosa ne pensa."
F: "Digli che, tra l'altro, questo viaggio mi aiuterà a migliorare l'inglese."

La madre di Francesca, indecisa, racconta ad una sua amica la conversazione che ha appena avuto con la figlia:

Francesca è rientrata dal liceo e mi ha detto che Luca le ha proposto di andare con lui e sua sorella in Inghilterra, nel mese di luglio, per un soggiorno linguistico. Io le ho risposto che sono troppo giovani per partire da soli, ma lei ha insistito dicendomi di no.

TEST 3

Le ho chiesto dove *alloggeranno / alloggiavano / hanno alloggiato* e le ho fatto notare che gli alberghi sono molto cari a luglio.

Francesca ha replicato dicendo che ha già messo da parte tutti i soldi che *le diamo / si diamo / le daremo* ogni mese e che poi *potevano / possono / hanno potuto* sempre dormire negli ostelli della gioventù, oppure cercare un piccolo appartamento tramite airbnb.

Io le ho detto che prima devo parlarne con suo padre e vedere cosa ne pensa. Lei mi ha pregato *che dirgli / che gli ho detto / di dirgli* che tra l'altro questo viaggio migliorerà il suo inglese.

Tot: _____ /4

Calcolo punteggio

A-E: 2 errori = -1

B-C-D-F-G: 1 errore = -1

Tot: _____ /30

23 Pronomi relativi 2

A Leggi le frasi e indica se il pronome relativo "che" è usato come soggetto (S) oppure oggetto (O).

1. L'autore che ha vinto il Premio Strega l'anno scorso è sardo.
2. Vorrei visitare l'Indonesia, paese che non conosco per niente.
3. Il risotto ai funghi che assaggeremo in questo ristorante non lo si trova da nessuna parte!
4. Sto cercando un libro che tratti la mitologia vichinga.
5. Il webinar che è stato seguito da più di 500 persone si trova anche su youtube.
6. Il sito che ho consultato per le mie ricerche mi è stato di grande aiuto.

B Leggi le frasi e scegli il pronome relativo corretto.

Che o cui?

1. Il letto *che / su cui* dormo ha un materasso molto duro.
2. Questa è la cantante moldava *che / a cui* ha vinto l'Eurovision quest'anno.
3. Il romanzo *da cui / che* hanno tratto il film mi piace molto.
4. Due settimane in Croazia è una vacanza *a cui / che* sogno da una vita.
5. Ragazzi, in realtà sono veramente poche le persone *che / di cui* ho stima veramente.
6. Ho un collega *di cui / che* per arrivare a fine mese è costretto a fare gli straordinari.

C Leggi le frasi e sostituisci *cui* con il pronome *il quale*.

1. Non conosco la ragione **per cui** (*per la quale*) Luisa ieri era così ansiosa.
2. Il passante **a cui** (_____) abbiamo chiesto un'informazione non ha saputo indicarci la strada.
3. Questi sono gli amici **con cui** (_____) ho fatto paracadutismo due anni fa.
4. Andrea, questa è Silvia la mia ex compagna **di cui** (_____) ti ho parlato varie volte.
5. Il prof. Andreoli è la persona **da cui** (_____) ho ereditato la passione per la filosofia.
6. I tecnici **a cui** (_____) abbiamo affidato la realizzazione del nuovo sito web sono espertissimi.

seconda parte

D Leggi e completa con i pronomi relativi corretti.

> al quale / **in cui** / da cui / per le quali / per la quale / in cui / a cui

Alessandro Baricco è uno scrittore, saggista, critico musicale e conduttore televisivo italiano. Nasce a Torino nel 1958, città ___in cui___ si laurea in Filosofia. Le attività _____ si dedica sono soprattutto saggistica e narrativa, _____ nutre un grande amore sin dall'inizio della sua carriera. Il suo esordio come scrittore avviene proprio con un saggio su Gioacchino Rossini, *"Il genio in fuga"*. Tuttavia, *"Castelli di rabbia"* (1991) grazie _____ vince il *Prix Médicis étranger* e partecipa alla selezione finale del *Premio Campiello* dello stesso anno. Seguono, *"Oceano mare"*(1994), il monologo teatrale *"Novecento"* (1994) _____ Giuseppe Tornatore ha tratto il film *"La leggenda del pianista sull'oceano"*, *"Seta"* (1996), *"City"* (1999) e *"Senza sangue"* (2002).

Inoltre, alla letteratura Baricco affianca anche l'attività di conduttore televisivo, lavorando per la RAI, _____ ha prodotto *"L'amore è un dardo"* (1993), *"Pickwick, del leggere e dello scrivere"* (1994) e *"Totem"* (1998). Infine, dal 1994, anno _____ l'ha fondata, presiede la Scuola di scrittura Holden di Torino.

E Leggi e riordina le frasi.

1. avevamo riposto / in cui / Il chirurgo / ormai non opera più. / le nostre speranze

   _____.

2. ricordati che / di non frequentarlo; / impara a zoppicare. / Ti direi / chi va / con lo zoppo,

   _____.

3. ci ha raccontato / Andrea / eravamo già / di cui/una storia / a conoscenza.

   _____.

4. sta / ma pensa / Non ti lamentare, / a chi / peggio di te.

   _____.

5. che probabilmente / mi ha dato / un numero / di telefono / era sbagliato. / La segretaria

   _____.

6. vicino all'edicola / Fulvio / in cui / a comprare / sono andata / la settimana enigmistica. / Ho incontrato/

   _____.

centoventinove 139

24 Forma passiva

A Forma passiva con il verbo essere

1. Leggi le frasi attive e trasformale in forma passiva (essere).

1. Un condizionatore riscalda il mio monolocale.
   Il mio monolocale è riscaldato da un condizionatore.
2. Tutti apprezzano un bel complimento.
   ___
3. Un tecnico ci spiegherà il funzionamento dell'applicazione.
   ___
4. Un pubblico entusiasta incoraggiava i giocatori.
   ___
5. Le nuove misure elimineranno l'inquinamento ambientale?
   ___
6. Su quella strada la polizia controllerebbe la velocità delle macchine.
   ___

2. Leggi le frasi e completa con l'espressione passiva corretta.

> sono stati bloccati / sarebbero stati risolti / sono stati sospesi / è stato tradotto / sia stato avvertito / è stata dipinta / era stato chiarito / sarà concesso

1. *Il nome della rosa* di Umberto Eco ___ in oltre 40 lingue.
2. Migliaia di viaggiatori ___ dallo sciopero dei controllori di volo.
3. Tutti sanno che la Guernica ___ da Picasso.
4. I lavori di ricostruzione ___ dalla direzione, per mancanza di fondi.
5. Dopo che l'equivoco ___, sono tornati amici come prima.
6. Appena mi ___ l'aumento, potrò firmare il mutuo con la banca.
7. Mi dispiace che il sig. Ricci non ___ del mio ritardo da nessuno.
8. Si credeva che tutti i problemi dell'uomo ___ dalla tecnologia.

B Forma passiva con il verbo venire

1. Leggi il testo e completa con la forma passiva, usando il verbo *venire*.

Il Palio di Siena, di origine medievale, è una competizione fra le contrade della città nella forma di una giostra equestre. (Organizzare) ___ in onore della Madonna normalmente due volte all'anno: il 2 luglio e il 16 agosto. Talvolta, un "Palio straordinario" tra maggio e settembre (programmare) ___ dalla comunità senese in occasione di avvenimenti eccezionali. Tradizionalmente la corsa (chiamare) ___ la "carriera".

seconda parte

Il calcio storico fiorentino, conosciuto anche col nome di calcio in costume, è una disciplina sportiva che ha le sue origini da un gioco che in passato (chiamare) _____ harpastum. L' harpastum (giocare) _____ con un pallone ripieno di stracci o di pelle e non gonfio d'aria da due squadre di ugual numero di giocatori. Oggi (considerare) _____ come il padre del gioco del calcio, anche se almeno nei fondamentali ricorda molto più il rugby.

C) Il si passivante

1. Leggi e riconosci la forma impersonale (I) o il si passivante (P).

1. Nella maggior parte del mondo la domenica non si lavora.
2. Questo tipo di formaggio si produce esclusivamente in Sardegna.
3. Per ottenere buoni risultati nello sport si devono fare tanti sacrifici.
4. Quando si è in biblioteca non si parla ad alta voce.
5. In un mondo consumistico più si guadagna, più si spende.
6. Non si conoscono i motivi della separazione tra Letizia e Mauro.

2. Leggi il testo e completa con la forma corretta del si passivante.

Come si prepara il risotto allo zafferano?

Il risotto allo zafferano è una tipica pietanza milanese, infatti _____ (conoscere) anche come risotto alla milanese. Si tratta di un piatto il cui ingrediente principale, oltre a quelli necessari per un risotto in bianco, è lo zafferano. Per prepararlo _____ (sbucciare) e _____ (affettare) una piccola cipolla, da mettere in una casseruola con 50g di burro. _____ (Fare) rosolare piano finché la cipolla sarà appassita, poi _____ (buttare) 400g di riso.

Il riso _____ (bagnare) con un mestolo di brodo e _____ (fare) assorbire. _____ (mettere) a bagno in un mestolo di brodo con 15 pistilli di zafferano. Il riso _____ (portare) a cottura (per circa 18 minuti), unendo man mano altro brodo caldo (circa un litro e un quarto), e _____ (mescolare). Il brodo con lo zafferano _____ (tenere) per ultimo.

Infine, _____ (aggiungere) 20g di burro e 30g di grana padano grattugiato, continuando a mescolare.

24 Forma passiva

D Forma passiva con i verbi modali potere e dovere

1. Leggi e riordina le frasi.

1. è chiuso. / può essere visitato / Il Duomo di Orvieto / dai turisti, / perché a quest'ora / non

2. Gli antibiotici / ogni otto ore. / devono essere presi / dal paziente

3. senza fatica. / Con il nostro sistema, / da tutti / le lingue straniere / possono essere imparate

4. della strada / dovrebbe essere rispettato / da ogni / Il codice / automobilista.

5. di tale peso / Una pietra / da un uomo / solo / fortissimo. / poteva essere sollevata

6. nel centro storico. / delle macchine / La circolazione / dovrebbe essere proibita

1.1 E adesso trasforma le forme sottolineate dell'attività A1 con il si passivante.

1. si può visitare
2.
3.
4.
5.
6.

E Forma passiva con il verbo andare

1. Leggi il testo e sostituisci le forme passive sottolineate, con il verbo andare.

Pranzo di gala

Molti obblighi impongono alle persone che danno un pranzo di gala; e molti sono i doveri dell'invitato. L'invito deve essere fatto (_____) otto giorni prima, a voce o per iscritto. L'invito scritto deve essere presentato (_____) sotto forma di lettera gentile o, se il pranzo è di gran lusso, su un cartoncino stampato, con i nomi dei padroni di casa, l'ora, il giorno del pranzo e l'indirizzo.

Ad un invito bisogna rispondere con la massima sollecitudine per comunicare se esso viene accettato o no, entro un limite di tempo opportuno. Il rifiuto deve essere accompagnato (_____) con qualche parola di rammarico. Se dopo aver accettato l'invito si è costretti a rinunciare per qualche grave motivo, bisogna avvertire e le ragioni del mancato intervento devono essere spiegate (_____), scusandosi con molta cortesia.

L'invitato deve arrivare cinque minuti prima e i padroni di casa attendono gli ospiti in salotto. Tutto deve essere già preparato e controllato (_____) dalla padrona di casa, la quale deve occuparsi degli invitati. Ad un pranzo di gala le signore intervengono in abito da sera; gli uomini in frac, in smoking o come prescritto sull'invito.

Ad un pranzo di lusso, non devono essere offerti (_____) meno di tre vini. Un vino bianco con la minestra e col pesce; vino rosso leggero col piatto di mezzo; vino rosso di bottiglia, con l'arrosto. I vini spumanti e lo champagne devono essere serviti (_____) ghiacciati.

(Testo preso e adattato da https://www.goccediperle.it/utility /il-galateo-ovvero-come-comportarsi-in-alcune-situazioni/il-galateo-a-tavola/)

seconda parte

2. Leggi le frasi e scegli la forma passiva corretta.

1. Signorina, questa è un' e-mail urgente; *viene spedita / va spedita* immediatamente.
2. Per una migliore integrazione sociale il razzismo *va affrontato / viene affrontato* da tutti noi.
3. Se i fornitori *venivano pagati / andavano pagati* in tempo, la ditta non sarebbe finita in Tribunale.
4. Se volevano avere dei buoni risultati nelle vendite, la strategia *veniva studiata / andava studiata* prima.
5. I resti di un'antica civiltà *andarono ritrovati / vennero ritrovati* da un gruppo di archeologi.
6. Per evitare inutili allarmismi, i medici decisero che l'epidemia veniva *tenuta / andava tenuta* nascosta.

Ricorda!
Il verbo venire alla forma passiva indica un'abitudine, un fatto successo.
Il verbo andare indica un obbligo, una cosa necessaria.

F Forma passiva con diversi verbi

1. Leggi il testo e completa con le forme verbali date.

Un po' di storia...

> fu trasformato / si realizzavano / furono scoperte / si impreziosiscono / vengono esaltate / si ottiene

Lo zafferano è una spezia antica, conosciuta già al tempo degli egizi. In principio ___veniva usato___ solo per tingere le stoffe e si realizzavano profumi e unguenti. Presto _____ le sue stupefacenti proprietà culinarie. Così divenne un ingrediente pregiato con il quale _____ gustosi piatti dalle sfumature dorate come il risotto allo zafferano. In questo primo piatto, nella sua essenzialità, _____ al meglio le qualità aromatiche dello zafferano. Inoltre, grazie al forte potere colorante, i chicchi di riso _____ di un gradevole e accattivante color oro che rende così speciale questa pietanza. Una piccola magia che unita ad un tocco di cremosità, immancabile nella preparazione dei risotti, vi restituirà un risotto dal gusto unico e inconfondibile. Lo zafferano _____ dagli stigmi del fiore Crocus sativus, nome che proviene dalla mitologia greca che narra il leggendario amore per una ninfa da parte del giovane Crocus, il quale per gelosia, _____ dal Dio Ermes in un delicato fiore.

2. Leggi e completa le frasi con le parole corrette. Attenzione! In ogni frase c'è uno spazio in più.

> turbato / **attraversata** / invasa / moka / raccolti / **Firenze** / danneggiati / sogni
> tormentata / inventata / studiosi / tedesco

1. La città di ___Firenze___ viene ___attraversata___ dal fiume ___X___ Arno.
2. Quest'anno tutti i _____ sono stati _____ gravemente _____ dalla grandine.
3. A volte il _____ sonno di Claudia veniva _____ da strani _____.
4. Secondo alcuni _____ anche nei prossimi _____ anni l'umanità sarà _____ dalla fame.
5. La _____ fu _____ da Alfonso Bialetti nel 1933 _____.
6. Nel settembre del 1939 la _____ Polonia fu _____ dall'esercito _____.

25 Concordanza Congiuntivo

A) Completa le frasi inserendo la parte mancante.

1. **Era meglio** che parlassi del tuo problema di salute con uno specialista.
   È meglio che parli del tuo problema di salute con uno specialista.

   > È meglio - Era meglio

2. Si diceva che Sandra e Paolo (a) _____.
   Si dice che Sandra e Paolo (b) _____.

   > stiano per divorziare - stessero per divorziare

3. Speravamo che dopo l'incidente (a) _____ più prima di guidare.
   Speriamo che dopo l'incidente, (b) _____ più prima di guidare.

   > Marcello non bevesse - Marcello non beva

4. (a) _____ molto che quella donna così dolce non possa avere figli.
   (b) _____ molto che quella donna così dolce non potesse avere figli.

   > Mi dispiaceva - Mi dispiace

5. (a) _____ a credere che fossi stato tu a pronunciare quelle parole sul mio conto.
   (b) _____ a credere che sia stato tu a pronunciare quelle parole sul mio conto.

   > Non riesco - Non riuscivo

6. Era una donna insopportabile, pretendeva (a) _____ sempre ragione.
   È una donna insopportabile, pretende (b) _____ sempre ragione.

   > che le dessi - che le dia

B) Leggi le frasi e scegli la forma corretta del Congiuntivo.

1. La bomba atomica è l'arma più distruttiva che l'uomo _____.
   a. abbia inventato   b. avesse inventato   c. inventasse

2. Nonostante _____ un sacco di bugie, riusciva sempre a vincere le elezioni.
   a. dica   b. abbia detto   c. dicesse

3. Cristiano, pensavo che dopo un mese di vacanze in Sardegna _____ la voglia del mare.
   a. ti passi   b. ti sia passata   c. ti fosse passata

4. Come vorrei che mia figlia mi _____ i ragazzi con cui esce!
   a. abbia presentato   b. presentasse   c. presenti

seconda parte

5. Sarebbe ora che Ivan _____ che alla sua età bisogna trovarsi un lavoro.
   a. si fosse reso conto   b. si sia reso conto   c. si rendesse conto

6. Avrei preferito che il commissario non _____ così tanto.
   a. se la prenda   b. se la fosse presa   c. se la sia presa

C Leggi il brano e completa con le forme corrette del congiuntivo.

> raccontassero / avesse cacciati / la smettessero / vedano / spiegassero / avesse portato / si tratti / stessero
> abbia allattato / abbia scritto / sappiano / si fossero messe / sia / sia esistito / dicesse

A che servono tutte queste bugie?

Fin da quando facevo le elementari, non ero sicuro che la maestra (1) _____ sempre la verità. Non ero neppure convinto che una cicogna mi (2) _____ in questo mondo. Mi pareva che tutti mi (3) _____ delle storie, che mia madre e la maestra (4) _____ d'accordo per imbrogliarmi. Che (5) _____ tutti mentendo, lo capii col passare degli anni. Prendiamo la leggenda di Romolo e Remo. Dicono che una lupa (6) _____ i due gemelli; i genitori portano i bambini allo zoo di Roma affinché (7) _____ con i loro occhi la famosa lupa. Solo al ginnasio spiegano che si tratta di una leggenda. E la storia di Adamo ed Eva? Pretendevano che Dio li (8) _____ dal paradiso terrestre, perché avevano mangiato il frutto proibito: aspettammo fino al liceo prima che ci (9) _____ la teoria di Darwin. E il povero Omero? Prima tanti professoroni suppongono che (10) _____ l'Iliade e l'Odissea; anzi ne sono certi. Poi dubitano che l'Odissea (11) _____ sua; infine si domandano se Omero (12) _____ veramente o se (13) _____ anche qui di una favola. "Occorre che i bambini (14) _____ subito la verità" si dice oggi. Giustissimo. Non sarebbe una cosa bellissima se i grandi (15) _____ di dire bugie?

D Leggi e abbina le colonne.

1. Sarà meglio che tu ti affretti
2. Mi dispiace che Carlo sciando sulle Dolomiti
3. Sebbene non lo conosca personalmente,
4. Continuano ad inviarmi messaggi come se
5. Qualora si presentasse l'occasione
6. È l'incidente diplomatico più clamoroso che

a. non li avessi avvertiti di non disturbarmi.
b. sia successo negli ultimi decenni.
c. si sia fratturato una gamba.
d. perché siamo già in ritardo.
e. ritengo che sia una persona per bene.
f. me ne andrei a vivere in Svezia.

25 Concordanza Congiuntivo

E Leggi il testo e scegli la risposta corretta.

Il lavoro del futuro: cosa conviene studiare.

Sapete che il 65% dei bambini che oggi va a scuola, una volta diplomato o laureato, svolgerà dei lavori che ad oggi ancora non esistono? Basti pensare che Il mercato del lavoro è in rapida trasformazione, non solo in Italia, ma anche a livello mondiale. All'inizio degli anni Duemila esistevano già la figura e le mansioni del social media manager (lo specialista nella gestione delle pagine Facebook o Instagram), nonostante non comparissero nei CV. Infatti, se uno, dieci anni fa, avesse investito in un corso di formazione, oggi, si considererebbe un professionista ben retribuito. La parola chiave nel mondo del lavoro è certamente "flessibilità". Si stima che entro il 2033, i settori in cui la manodopera rischia più di essere sostituita dalle macchine riguardano l'agricoltura e la pesca, la manifattura e in maniera importante il commercio. Benché si continui a investire nella costruzione di grossi centri commerciali, la tendenza sempre più diffusa è quella dell'acquisto su internet. Il commercio continuerà a spostarsi fino ad assestarsi sull'e-commerce, ci saranno sempre meno negozi di vicinato e più store on line.

In Italia, oggi, tra le cause della disoccupazione giovanile troviamo la crisi economica, il precariato, la mancanza di un sistema meritocratico. Pare che tre processi inarrestabili influiscano più di altri: la tecnologia e internet, l'invecchiamento della popolazione e il riscaldamento globale. I settori in cui invece, nonostante tutto, continuerà a rimanere improbabile la sostituzione uomo-macchina, sono quelli dell'istruzione e della salute. Resta aperto il tema della formazione nelle scuole. È un vero peccato che l'organizzazione e le strutture scolastiche vengano considerate ancora vecchie e datate. Se si investisse maggiormente nella mentalità e nel reclutamento, si potrebbero offrire gli strumenti necessari per prepararli al futuro.

(Testo adattato e creato da https://www.corriere.it/dataroom-milena-gabanelli /lavoro-futuro-cosa-conviene-studiare/7e1797e2-0c1d-11e8-ac00-e73bcae47d08-va.shtml)

1. **Il mercato del lavoro**
   a. si sta trasformando in tutto il Continente europeo.
   b. ha subito un mutamento progressivo in Italia e nel mondo.
   c. sta mutando velocemente in Italia e nel resto del mondo.
   d. ha fatto passi da gigante in tutta la penisola italiana.

2. **Con "flessibilità del lavoro" si intende che il lavoratore**
   a. dovrebbe essere in grado di svolgere diverse mansioni.
   b. dovrebbe accettare tutte le sfide proposte nel corso della propria vita.
   c. deve essere provvisto di diversi titoli di studio.
   d. deve investire in un corso di formazione.

3. **Le cause principali della disoccupazione giovanile sono**
   a. la crisi economica e la stabiltà del posto di lavoro.
   b. il disagio economico e la mancanza di criteri meritocratici.
   c. l'assenza di manodopera specializzata e relativa preparazione.
   d. l'invecchiamento della popolazione e il sottosviluppo tecnologico.

seconda parte

4. **Il problema delle scuole si potrebbe risolvere**
   a. preparando adeguatamente i lavoratori del domani.
   b. selezionando insegnanti all'avanguardia.
   c. sostituendo gli insegnanti con la tecnologia.
   d. puntando alla preparazione del personale e della propria mentalità.

F Leggi e riordina le frasi.

1. il figlio / in chirurgia plastica. / si specializzasse / Bruno voleva che

2. le pensioni. / si dice che / Ultimamente / progetti di aumentare / il governo

3. Benché / molto da fare, / Pietro abbia sempre / il tempo per divertirsi. / trova anche

4. che Alessandra / non fosse tanto / Avevo l'impressione / del suo matrimonio. / soddisfatta

5. da due / guardie del corpo. / Ovunque andasse, / era sempre / il presidente / accompagnato

6. ascoltato / di quell'individuo! / Magari / non avessimo / i consigli /

G Leggi e trova l'errore.

1. Alla fine il conto fu meno salato di quanto ci aspettassimo.
2. È un tipo ottimista, nonostante passasse momenti terribili.
3. Le disse che la perdonava a condizione che non gli abbia mentito più.
4. Chiunque lo conosca rimane colpito dalla sua forte personalità.
5. Indossava sempre quei vecchi vestiti sebbene ormai non siano più di moda.
6. Quando verrà il momento, confido che ognuno di voi sappia comportarsi coraggiosamente.

1. _____ 2. _____ 3. _____
4. _____ 5. _____ 6. _____

26 Gerundio

A Gerundio presente

1. Riscrivi le frasi con il gerundio presente.

L'equilibrista, **mentre camminava** sul filo d'acciaio, è caduto.
L'equilibrista, **camminando** sul filo d'acciaio, è caduto.

1. **Mentre rientravo** dal mio viaggio in Scozia, ho conosciuto la donna della mia vita.

2. Matteo cucinava, **mentre ascoltava** il tg radio.

3. **Poiché** Monica **aveva** due ore libere, entrò in un museo.

4. **Se volessi**, potresti fare una brillante carriera.

2. Collega le frasi con il gerundio.

1. Si dava un sacco di arie, ☐
2. Professore, tempo permettendo, ☐
3. Leggendo molti libri, ☐
4. Non approvando le sue idee, ☐

a. domani si va in gita?
b. credendo di essere bellissima.
c. questa volta non voteremo per lui.
d. arricchirai il tuo vocabolario in spagnolo.

2.1 Ora riscrivi le frasi, sostituendo il gerundio con la forma esplicita, usando _se_, _poiché_ e _siccome_.

1.
2.
3.
4.

seconda parte

3. Leggi e scegli le risposte date, coniugando i verbi al gerundio presente.

> Per esempio guidare / Fare una dieta rigorosa. / Confessare tutto quello che sapeva. / Leggere i testi delle canzoni e cantare / Scendere dalla metropolitana / Suonare e cantare nelle trattorie del centro

1. Come hai fatto a perdere 10 chili in un mese? _____.
2. Enrico, quando hai perso il portafoglio? _____.
3. Quando non è permesso bere alcolici? _____.
4. Come si guadagna la vita un giovane artista? _____.
5. Professore, come potrò migliorare la mia pronuncia? _____.
6. L'imputato come ha ottenuto una riduzione della pena? _____.

B Gerundio presente con i pronomi

1. Leggi le frasi e abbina le colonne.

1. Sentendosi un po' stanca,
2. Vedendola arrivare,
3. Luisa aveva perso la chiavetta usb; cercandola,
4. Stamattina guardandomi allo specchio,
5. Guardandolo più da vicino,
6. Conoscendoli bene, penso che

a. mise a soqquadro tutta la casa.
b. non riuscirò a fargli cambiare idea.
c. quel luogo gli sembrò più familiare.
d. mi sono accorta di avere qualche capello bianco.
e. Pietro corse subito ad abbracciarla.
f. quella notte Giulia si coricò prima del solito.

26 Gerundio

2. Leggi il testo e completa con le forme date.

La scarpa che cresce per i bambini africani: mai più scalzi grazie a una piccola grande idea.

> camminando / recandosi / ammalandosi / adattandosi / espandendosi / Adattandola

Un'idea semplice e rivoluzionaria. *The Shoe that Grows* è una scarpa per bambini che cresce assieme a loro. (1) _____ al piede può durare cinque anni. Un'innovazione nata per aiutare le famiglie in difficoltà nei paesi in via di sviluppo, per permettere ai più piccoli di non andare in giro con calzature troppo strette o addirittura scalzi. Senza scarpe, i bambini (2) _____ perdono la scuola, non possono aiutare le loro famiglie e soffrono inutilmente. *The Shoe that Grows* può cambiare tutto questo". È questa la premessa del progetto, nato grazie all'americano Kenton Lee che, con l'aiuto dell'ente benefico *Because International*, ha distribuito, ad oggi, oltre 180.000 paia di scarpe in 100 paesi. Questa storia inizia in Kenya nel 2007. Kenton (3) _____ a Nairobi, dopo la laurea, ha lavorato in un piccolo orfanotrofio e un giorno, (4) _____ lungo una strada polverosa, ha notato una bambina che indossava scarpe troppo piccole per lei, tanto che la parte anteriore era sfondata e faceva sporgere le dita dei piedi. Allora è arrivata l'illuminazione: "E se ci fosse una scarpa che (5) _____ ed (6) _____ cambia le sue dimensioni? E se ci fosse una scarpa che potesse crescere?". È nata così l'idea di *The Shoe that Grows*. Un prodotto innovativo e rispettoso dell'ambiente. È una scarpa speciale a forma di sandalo. Fatta da materiali al 100% vegani, pelle e gomma compressa, si rende resistente, leggera e facile da indossare. Ha un design innovativo, è pratica, comoda, ma anche bella.

(Testo adattato dall'articolo di Maria Luisa Prete, La Repubblica, 22/07/2018; : https://www.repubblica.it/solidarieta/volontariato/2018/07/22/news/kenia_la_scarpa_che_cresce_per_i_bambini_che_vivono_nei_paesi_del_sotto-sviluppo-202429355/)

C Gerundio passato

1. Leggi le frasi e completa con il gerundio passato.

   1. (Prendere) _____ la bambina con le buone, finalmente sono riuscita a convincerla.
   2. Filippo (spendere) _____ tutti i suoi risparmi, ha chiesto un prestito al collega.
   3. (Partire) _____ tutti gli amici per il mare, Marta si sentiva sola in città.
   4. Gli esperti (analizzare) _____ l'acqua del fiume, la considerarono non potabile.
   5. (Superare) _____ le prime difficoltà, Paola si è ambientata nel nuovo ufficio.
   6. (Arrivare) _____ a Trento dopo mezzanotte, Sandra e sua madre non hanno trovato un ristorante aperto.

seconda parte

2. Leggi e riordina le frasi.

1. delusa / Essendo rimasta / me ne sono andata / senza dir niente. / dal loro comportamento,

   _____.

2. Alessio / per molte ore, / Non avendo mangiato / una fame da lupi. / aveva

   _____.

3. a lavorare / Avendo bevuto / ripresi / l'ennesimo caffè, / tarda notte. / fino a

   _____.

4. da Genova, / Pur essendo partiti / siamo riusciti / con notevole ritardo, / in tempo / ad arrivare / per il convegno.

   _____.

5. capire meglio / bene / la storia passata, / Avendo studiato / quella contemporanea. / potremo

   _____.

6. a Napoli / diverse volte, / Essendo stata / conosco / come le mie tasche. / la città

   _____.

Pizze al forno e pizza fritta - Napoli

A) Leggi e scrivi i pronomi relativi corretti.

Le buone abitudini a tavola

Alcuni alimenti che aiutano a migliorare la salute, aumentano il livello di energia e fanno perdere peso.

Avocado
1. Originario del Messico e del Centro America. Il frutto grasso per eccellenza, _____ viene particolarmente apprezzato per le sue proprietà benefiche. Ricco di vitamine, minerali, fibre e antiossidanti, che va introdotto regolarmente nella nostra dieta per mantenere in salute il cuore e perdere peso. I benefici _____ è associato il suo consumo sono la riduzione del rischio cardiovascolare, l'aumento del senso di sazietà con conseguente perdita di peso.

Ciliegia
2. È il frutto dolce tipico della stagione primaverile, contiene numerose sostanze _____ conferiscono importanti proprietà anti-infiammatorie e anti-ossidanti. Il piccolo e gustosissimo frutto di un albero maestoso originario dell'Europa e dell'Asia, con fiori bianchi o rosa _____ spesso si abbelliscono parchi e grandi giardini. Ne esistono due specie diverse e una di queste produce dei frutti più dolci, dalle numerose proprietà nutrizionali. Questo frutto può assumere colorazioni diverse dal rosso al nero.

Miele
3. È un alimento prodotto soprattutto dalle api. Già apprezzato dai tempi dell'antico Egitto. Risalgono a 4000 anni fa le prime notizie di apicoltori _____ si spostavano lungo il Nilo per seguire la fioritura delle piante. Gli Egizi usavano deporre accanto alle mummie grandi coppe o vasi ricolmi di questo alimento _____ si assicuravano il viaggio nell'aldilà. Veniva impiegato non solo ad uso alimentare, ma anche medico, per la cura di disturbi digestivi e per la produzione di unguenti per piaghe e ferite. È un super alimento con grandi proprietà curative.

Cetriolo
4. È uno dei vegetali più ricchi di acqua in assoluto: ne contiene infatti il 95%. Ha una forma allungata, la buccia verde scuro e la polpa acquosa di colore verde chiaro _____ troviamo tanti semini bianchi. Alimento _____ ha numerose proprietà benefiche per pelle e organismo, in generale. Risulta utile contro la ritenzione idrica (depurativo e diuretico) e nelle diete dimagranti. È utilizzato molto anche in ambito cosmetico per preparare ricette di bellezza per la pelle.

Tot: _____ /4

B) Leggi le frasi e trova i tre errori.

1. La frutta che ci nutriamo spesso è piena di pesticidi.
2. Gli zii da cui vanno di solito abitano dalle parti di Urbino.
3. La famiglia in cui abita all'ultimo piano ha un bambino che è una peste.
4. Ragioniere, ho trovato finalmente il documento che avevo perso due settimane fa.
5. Nessuno conosce i motivi per cui Sandra ha rifiutato la sua proposta di matrimonio.
6. Non ricordo più il sito web del quale ho scaricato l'articolo sulla crisi energetica.

Tot: _____ /3

TEST 4

C Leggi le frasi e scegli la forma passiva corretta.

1. Recentemente, a Pompei, nell'area archeologica _____ frammenti di un affresco.
   a. si possono ritrovare   b. erano stati ritovati   c. sono stati ritrovati

2. Il ballo per la fine dell'anno accademico _____ sabato prossimo all'Hotel Excelsior.
   a. si terrà   b. è stato tenuto   c. veniva tenuto

3. L'improvviso crollo in borsa, verificatosi qualche giorno fa, non _____ dagli economisti.
   a. era stato previsto   b. è previsto   c. si doveva prevedere

4. Migliaia di alberi _____ ogni anno dagli incendi.
   a. devono essere distrutti   b. si dovrebbero distruggere   c. vengono distrutti

5. Signorina Ester, da chi Le _____ il permesso di usare questo indirizzo e-mail?
   a. è stato dato   b. è dato   c. è venuto dato

6. Signora Rizzi, questo molare è cariato; _____ al più presto possibile.
   a. verrebbe tolto   b. andrebbe tolto   c. sarebbe tolto

Tot: _____ /3

D Leggi e completa con la forma passiva corretta.

Il viaggio lumaca della cartolina: da Alessandria ad Aosta, arriva dopo 63 anni.

Sessantatré anni (**impiegare**) (1) _____ da una cartolina la quale (**spedire**) (2) _____ il 14 settembre 1955 dalla provincia di Alessandria per Aosta. Tutti questi anni ci sono voluti per coprire una distanza di soli 170 chilometri. (**Inviare**) (3) _____ alla signora Marie Griseri di Aosta da un'amica. La cartolina, dai bordi seghettati come si usava una volta e con un francobollo da 10 lire, portava sul retro la scritta "Cari saluti" ed (**firmare**) (4) _____ dal mittente con il nome "Giuse".

Tot: _____ /4

E Leggi e collega le frasi.

1. Mi pare che Luigi non si sia reso conto
2. La nonna di Massimo teneva i soldi sotto il materasso
3. Per quanto tu insista, non ti dirò mai
4. Qualora doveste arrivare prima,
5. Ha ordinato un piatto sofisticato non perché le piacesse
6. Che loro non avessero la minima intenzione di offenderci,

a. ma per fare un figurone.
b. per paura che glieli rubassero.
c. che cosa è successo tra me e Silvio.
d. che si trattasse di un malinteso.
e. aspettatemi al bar sotto casa.
f. lo capimmo troppo tardi.

Tot: _____ /3

UNITÀ 23-26

F Leggi il testo e completa con le forme verbali date.

Romeo e Giulietta

bevesse / fosse morta / si sposasse / portasse / si sposassero / avesse mandato

Questa tragedia di William Shakespeare è ambientata tra la fine del '500 e l'inizio del '600 a Verona. Narra l'amore tra due sfortunati amanti, Romeo e Giulietta, figli di due famiglie in contrasto tra di loro: i Montecchi e i Capuleti. I due giovani si incontrarono ad una festa e si innamorarono l'uno dell'altra. Dato il conflitto tra le due famiglie, Romeo volle che (1) _____ segretamente. Il giorno del matrimonio Romeo si trovò coinvolto in una rissa, dove fu ucciso il suo amico Mercuzio. Pieno di rabbia uccise Tebaldo, cugino di Giulietta e fuggì a Mantova. Intanto il padre di Giulietta dispose che la figlia (2) _____ con un gentiluomo. A questo punto, Frate Lorenzo ordinò che Giulietta (3) _____ un narcotico che l'avrebbe fatta sembrare morta per 40 ore e che un messaggero (4) _____ a Romeo la notizia. Romeo non sapeva che il Frate gli (5) _____ un messaggio, arrivò a Verona e vedendo la sua amata, credé che (6) _____. Quindi, bevve un potente veleno che lo fece morire accanto alla sua sposa segreta. Finito l'effetto del narcotico, Giulietta si svegliò e, credendo Romeo morto, si tolse la vita con un pugnale.

(Testo adattato da: https://doc.studenti.it/riassunto/italiano/7/romeo-giulietta.html)

Tot: _____ /6

G Leggi le frasi e scegli la forma corretta del Gerundio.

1. Tommaso non *sapendo / avendo saputo* cosa rispondere, si grattò la testa.
2. I ragazzi *avendo saltato / saltando* il pranzo, la sera avevano una fame da lupi.
3. Secondo me, Domenico *essendo cresciuto / crescendo* come figlio unico, aveva molto bisogno d'amicizia.
4. Non *ricordandoci / essendoci ricordati* del compleanno di Mara, ci sentimmo in colpa.
5. Finalmente, *avendogli parlato / parlandogli* dei miei problemi, mi sentii più leggero.
6. *Avendola conosciuta / Conoscendola* bene ormai da più di vent'anni, so che non cambierà mai.

Tot: _____ /3

H Leggi il testo e completa gli spazi con i verbi al Gerundio (presente o passato).

Miracoli dello Yoga

Flavia D. faceva la ballerina alla Scala di Milano. Sei anni fa _____ (sciare), cadde malamente, _____ (riportare) la frattura del femore. _____ (sottoporre, forma passiva) ad un intervento, dovette restare due mesi con una gamba ingessata. L'ortopedico che la operò le disse: "Temo, in tutta sincerità, che Lei non potrà più ballare come prima". Flavia era disperata, finché un giorno incontrò

TEST 4

Lorenzo B., esperto di yoga. Lui le promise che (seguire) _____ i suoi consigli, presto avrebbe danzato di nuovo. In una recente intervista alla televisione Flavia dichiarò: "Se non avessi incontrato Lorenzo, la mia vita sarebbe rovinata! Infatti, se lui non mi avesse aiutata con così tanta convinzione, non sarei guarita. Sinceramente, non credevo che Lorenzo fosse capace di così tanto. "Si dice che il prossimo mese ritornerà sulle scene con "L'uccello di fuoco" di Stravinsky.

Tot: _____ /4

Calcolo punteggio (in green)

A-B-C-E-G: 2 errori = -1
D-F-I: 1 errore = -1

Tot: _____ /30

erfetto! 2

A Leggi il testo e completa con le preposizioni semplici o articolate.

Per prevenire l'infarto: dieta vegetariana o mediterranea?

La dieta mediterranea, ottima (1) _____ cuore, è capace di diminuire il colesterolo cattivo e prevenire infarti e altre malattie cardiovascolari. Ma anche una dieta vegetariana (2) _____ basso contenuto calorico può avere simili effetti benefici sulla salute del nostro cuore. Scienziati e ricercatori hanno messo a confronto gli effetti dei due diversi modelli alimentari in uno stesso gruppo di persone, (3) _____ scopo di valutare se la dieta vegetariana sarebbe stata ugualmente salutare quanto quella mediterranea. Gli effetti di entrambe le diete sono stati valutati (4) _____ un totale di 118 individui (sani e in sovrappeso) dai 18 ai 75 anni.

Dai risultati è emerso che entrambe le diete ipocaloriche hanno portato a una perdita di peso analoga. I ricercatori hanno osservato che una dieta vegetariana ipocalorica può aiutare i pazienti (5) _____ ridurre il rischio cardiovascolare come anche una dieta mediterranea a basso contenuto calorico. Quindi, per una dieta sana a favore del cuore non c'è che l'imbarazzo (6) _____ scelta. Quale delle due sceglireste?

(Testo adattato dall'articolo di Marta Musso, La Repubblica, 1/03/2018 http://www.repubblica.it/salute/medicina/2018/03/01/news/prevenire_infarto_dieta_vegetariana_mediterranea-189893964/)

Tot: _____ /3

B Leggi e scegli la forma verbale giusta.

1. Dopo una lunga camminata tra i sentieri, giunti in cima al monte, *facemmo / avevamo fatto* una sosta per riposarci.
2. All'improvviso il delegato amministrativo *si sentì / si sentiva* poco bene e interrompemmo la riunione.
3. Il giudice dopo aver pronunciato la sentenza, *ha visto / vedeva* che l'imputata era scoppiata in lacrime.
4. Il malvivente subito dopo l'arresto raccontò come *commetteva / aveva commesso* lo scasso.
5. Appena arrivati in banca, *si erano avviati / si avviarono* allo sportello del cambio.
6. Le poesie che *scrisse / aveva scritto* durante gli anni trascorsi in prigione ebbero un successo clamoroso.

Tot: _____ /3

C Leggi il testo e completa con i pronomi.

Proprio in quel momento, mentre stavamo aprendo il pacco, ecco arriva il professore. Dissi: "Professore, ecco i suoi libri... Tuda li ha ritrovati... li aveva prestati a un'amica per guardare le figure". "Bene, bene... non parliamone più". Con tutto il cappotto addosso e il cappello in testa, lui si avventò sui libri, (1) _____ prese uno, l'aprì e poi diede un grido: "Ma questi non sono i miei libri". "Come sarebbe a dire?" "Erano libri di archeologia", continuò lui sfogliando velocemente gli altri volumi, "e questi invece sono cinque volumi di diritto". Dissi a Tuda: "Ma si può sapere che hai fatto?". Questa volta lei protestò, con forza: "Cinque libri avevo preso... e cinque ne ho riportati... Che volete da me?... li ho pagati cari più di quanto mi avessero dato quando (2) _____ ho venduti. Il professore era così stupefatto che guardò me e Duda a bocca aperta senza dir parola. Lei continuò: "Guarda sono le stesse rilegature... anche più belle... guarda... e anche il peso è lo stesso... me li hanno

TEST FINALE

pesati... sono quattro chili e seicento... come quelli tuoi." Questa volta il professore si mise a ridere, seppure di un riso amaro: "Ma i libri non vanno a peso come la vitella... ogni libro è diverso dall'altro... che (3) _____ faccio di questi libri? Non capisci? Ogni libro contiene cose diverse... di autore diverso..." Vaglielo a far capire. Ripetè ostinata "Cinque erano e cinque sono... rilegati erano e rilegati sono...io non so nulla". Insomma, il professore la rimandò in cucina dicendole: "Va' a cucinare…basta...non voglio farmi cattivo sangue". Poi quando (4) _____ fu andata, disse: "Mi dispiace...è una cara figliola...ma troppo rustica".

"L'ha voluta Lei, professore"
"Mea culpa", disse lui.

Da "Racconti Romani" Alberto Moravia, Bompiani (2001)

Tot: _____ /4

D Leggi le frasi e inserisci l'Imperativo corretto. Attenzione agli intrusi!

> ripetimelo / vattene pure / abbiate pazienza / Ricordati / fammelo sapere / vammela a comprare / sbrigati / non perderla / stattene a casa / non me lo dire

1. Ragazzi, _____, bisogna essere gentili con gli assistenti di volo.
2. _____ di invitare anche Valeria all'inaugurazione della mostra.
3. Mi servirebbe una chiavetta USB nuova; _____ per favore!
4. È già tardi; _____, altrimenti finiamo per perdere il treno.
5. È arrivata in città la collezione di Picasso; mi raccomando; _____!
6. Qualora ci fosse qualche offerta per il Marocco, _____ così ci vengo anch'io.

Tot: _____ /3

E Leggi e riordina le frasi.

1. mi avranno passato / Dott. Fermi, / non appena / la Sua pratica. / La richiamerò io, /
   _____

2. il gattino / Siccome Enzo / ai suoi vicini / che aveva trovato / doveva partire, / affidò / per strada.
   _____

3. Era il periodo / in cui tu bevevi / perché / tutti i giorni / avevi letto / succo di pompelmo, / su un giornale / Ti ricordi? / che faceva dimagrire.
   _____

Tot: _____ /3

F Leggi il testo e inserisci i verbi indicati al Congiuntivo.

L'argentino vichingo...

conoscere / sposarsi / venire / potersi vivere / essere

Credo che studiando all'estero (1) _____ storie d'amore interessanti. Per questo sono molto contenta che Valentina, la figlia della mia amica, studentessa erasmus a Grenoble, (2) _____ Dragan, uno studente serbo di Novisad.

Se io dovessi tornare molti anni indietro... Tanti anni fa a Perugia incontravo tutti i giorni all'università e alla mensa un bel ragazzo moro con un fisico da atleta dalla pelle olivastra. Ero convinta di avere a che fare con un sudamericano, ma ogni volta che mi avvicinavo lo sentivo parlare in una lingua che assomigliava al tedesco. Un bel giorno finalmente ci conosciamo. Quando gli chiesi da dove (3) _____ mi rispose che era svedese di Stoccolma. "Ma io credevo che (4) _____ latino-americano!" esclamai. Mi disse che non mi ero del tutto sbagliata, perché lui e sua sorella erano nati a Göteborg, ma i suoi genitori erano argentini trasferiti in Svezia per motivi di lavoro. Fu un amore travolgente che durò solo sei mesi. Alla fine del corso, ognuno tornò nel proprio paese. Rimasi con un dolce ricordo di quella storia. Grazie alla tecnologia qualche anno fa l'ho rintracciato su facebook e gli ho mandato un messaggio senza ricevere nessuna risposta. Ho pensato che (5) _____ o che addirittura si fosse dimenticato del tutto di me. Non mi dispiace più di tanto... così è la vita!

Tot: _____ /5

G Leggi e abbina le colonne.

1. Ti ospiterei volentieri
2. Se avessi dato retta a me
3. Se il prezzo fosse ragionevole
4. Tesoro, se ti tagliassi la barba
5. A casa vostra mi sento a mio agio; se avessi bisogno di qualcosa
6. Io gliel'avevo detto che se avesse fatto quell'investimento

a. non ti saresti trovato nei guai.
b. ve lo direi subito.
c. avrebbe perso tutti i suoi soldi.
d. potrei anche comprare quel tablet.
e. se la mia casa non fosse così piccola.
f. sembreresti più giovane.

Tot: _____ /3

H Leggi le frasi al discorso indiretto e scegli la forma corretta.

1. Roberta disse che aveva l'impressione che la suocera non _____ molto contenta di vederla.
   a. fosse   b. sarebbe   c. sia

2. Oreste disse ai ragazzi che secondo lui, Anna era la ragazza più carina che lui _____.
   a. conosceva   b. abbia conosciuto   c. conoscesse

3. Informai Renata che era meglio che mi desse le chiavi di casa così rientrando non _____.
   a. la sveglierò   b. l'avrei svegliata   c. l'avevo svegliata

TEST FINALE

4. Lo assicurarono dicendo che da quel momento _____ cura di lui.
   a. si saranno presi   b. si sarebbero presi   c. si fossero presi

5. Mirka promise agli amici che alla festa per il suo compleanno _____ dell'ottimo spumante italiano.
   a. avranno bevuto   b. avessero bevuto   c. avrebbero bevuto

6. L'assistente sociale dubitava che molti genitori _____ quanto fosse importante star vicino ai figli.
   a. avessero capito   b. abbiano capito   c. avevano capito

Tot: _____ /3

I Leggi il testo e poi indica per ogni punto la forma passiva corretta.

Iqbal Masih: un piccolo eroe del nostro tempo

La sua storia comincia dodici anni fa. (1) **Una giovane coppia pakistana metteva al mondo il primo figlio, Iqbal.** I genitori sognavano per lui un futuro da contadino, ma erano poverissimi e disperati. Un mercante senza scrupoli offrì per Iqbal una sistemazione in un collegio, (2) **ma lo portò all'età di quattro anni.. invece a lavorare come schiavo in una fabbrica di mattoni.**
All'età di sei anni lo vendono ad una fabbrica di tappeti. Costringono Iqbal a lavorare dodici ore e più al giorno. (3) **Lo legano ad una catena e gli danno** da mangiare pochissimo, di solito pane e acqua. Un giorno seppe che a Lahore avevano fondato un'organizzazione a favore dei bambini-schiavi. Scrisse una lettera, dicendo: Liberatemi!
(4) **Un giornale pubblicò la sua lettera e subito** dopo una stazione televisiva americana lo intervistò e diventò famoso. (5) **Denuncia pubblicamente i mercanti di piccoli schiavi** (che nel mondo sono oltre 100 milioni). Ha pagato il suo coraggio con la vita: un killer ha ucciso Iqbal con 5 colpi di pistola, davanti agli occhi dei genitori. Hanno messo a tacere la sua voce, (6) **ma hanno trasformato il piccolo Iqbal in un mito.**

1. ...da una giovane coppia pakistana.
   a. Iqbal, il primo figlio veniva messo al mondo...
   b. Iqbal, il primo figlio aveva messo al mondo...
   c. Iqbal, il primo figlio era venuto messo al mondo...

2. ...come schiavo in una fabbrica di mattoni.
   a. Il piccolo di quattro anni veniva portato...
   b. Il piccolo di quattro anni fu portato...
   c. Il piccolo di quattro anni verrebbe portato...

3. Il piccolo Iqbal...
   a. lo è stato legato ad una catena.
   b. viene legato ad una catena.
   c. veniva legato ad una catena.

4. La sua lettera...
   a. l'hanno pubblicata da un giornale.
   b. andava pubblicata fa un giornale.
   c. fu pubblicata da un giornale.

5. I mercatini di piccoli schiavi...
   a. erano denunciati pubblicamente.
   b. andranno denunciati pubblicamente.
   c. vengono denunciati pubblicamente.

6. Ma il piccolo Iqbal...
   a. è stato trasformato in un mito.
   b. trasformò in un mito.
   c. stava trasformando in un mito.

Tot: _____ /3

Calcolo punteggio (in green)
A-B-D-G-H-I: 2 errori = -1
C-E-F: 1 errore = -1

Tot: _____ /30

perfetto! 2

CHIAVI / FONTI

chiavi

Cominciamo da qui!
Articoli, verbi essere e avere
1. b / 2. c / 3. a / 4. b / 5. c / 6. a / 7. c / 8. b / 9. c / 10. a

Nomi e aggettivi
1. b / 2. a / 3. b / 4. c / 5. b / 6. c / 7. b / 8. a / 9. c / 10. b

Presente Indicativo
1. b / 2. c / 3. a / 4. a / 5. c / 6. b / 7. c / 8. a / 9. c / 10. a

Preposizioni semplici e articolate
1. b / 2. c / 3. a / 4. a / 5. b / 6. c / 7. b / 8. c / 9. a / 10. c

Dimostrativi e Possessivi
1. b / 2. a / 3. a / 4. c / 5. b / 6. a / 7. c / 8. a / 9. c / 10. b

Ci e Ne
1. ci / 2. ne / 3. Ne / 4. Ci / 5. ci / 6. ne / 7. ne / 8. ci / 9. ne / 10. Ci

Pronomi diretti e indiretti
1. b / 2. a / 3. c / 4. c / 5. b / 6. c / 7. b / 8. c / 9. c / 10. a

Passato prossimo e Imperfetto
1. b / 2. a / 3. c / 4. a / 5. b / 6. c / 7. a / 8. c / 9. a / 10. c

Futuro e Condizionale
1. passeresti / 2. ci fermeremo / 3. Potremmo / 4. dovresti / 5. farai / 6. Verresti / 7. verrà / 8. piacerebbe / 9. arriveremo / 10. Sarebbe

Imperativo diretto
1. vieni / 2. Non la prendere / 3. Passami / 4. metti / 5. chiamate / 6. mettete / 7. Andiamo / 8. Guarda / 9. Non mi fare / 10. Non vi preoccupate

PRIMA PARTE
Unità 1 - Forma impersonale
A 2. In piscina si nuota.
3. Allo stadio si gioca.
4. In biblioteca si legge.
5. In aereo si vola
6. Alla stazione si aspetta
7. Al ristorante si mangia
8. Ai fornelli si cucina

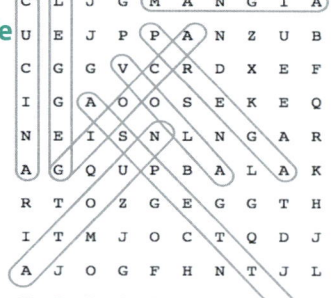

B 2. si dorme / 3. si cena / 4. Si va… si torna / 5. si esce… si beve / 6. si parte… si va

C 2. si sta… si mangia… si torna / 3. non si fuma / 4. si viaggia / 5. si lavora / 6. si dorme

D 1. Capodanno: si mangia, si brinda / 2. Carnevale: si festeggia, si scherza, si balla, si sfila, si gira, / 3. Liberazione: si scende, si sta, / 4. San Valentino: si rimane, si va.

E 2. Arrabbiarsi: Mi arrabbio (1), Ci si arrabbia (4) / Alzarsi: Mi alzo (6), Ci si alza (7) / Addormentarsi: mi addormento (2), ci si addormenta (8).

F 2. f / 3. b / 4. a / 5. e / 6. c

G 1. ci si sente, si sta / 2. mi sento, sto / 3. ci si fa, si va / 4. mi faccio, vado / 5. si esce, ci si diverte / 6. esco, mi diverto

Unità 2 - I verbi servili al passato
A 1. c / 2. b / 3. f / 4. e / 5. d / 6. a

B **Andare**: Loro sono, Voi siete, Lei è, Noi siamo, Lui è, Io sono
Rimanere: Noi siamo, Loro sono, Lei è, Io sono, Voi siete, Lui è
Preparare: Voi avete, Lui ha, Io ho, Lei ha, Loro hanno, Noi abbiamo
Dare: Lui ha, Voi avete, Noi abbiamo, Lei ha, Io ho, Loro hanno

C 1. Le colleghe non sono potute più venire alla conferenza, perché avevano molto da fare in ufficio.
2. I passanti hanno dovuto chiamare un'autoambulanza, per soccorrere i feriti.
3. Carla non è voluta venire alla cena, perché non aveva voglia di stare in compagnia.
4. Che cosa avete dovuto fare, per convincere i bambini a mangiare le verdure?
5. Il chirurgo ha potuto fare l'operazione grazie all'aiuto dei suoi colleghi.

D 1. ha dovuto chiamare / 2. è voluto andare / 3. hanno voluto / 4. sono dovute ritornare / 5. sono potuti entrare / 6. siamo potuti arrivare

E 1 1. Paola / 2. Stefano / 3. Stefano / 4. Paola / 5. Stefano

E 2 1. B / 2. A / 3. B / 4. B

F 1. abbiamo voluto / 2. hanno potuto / 3. Potevamo, siamo voluti / 4. Volevo, ho potuta / 5. doveva / 6. hanno voluto

Unità 3 - Preposizioni semplici e articolate 1
A1 1.g Ronaldo / 2.a il ciclista / 3.c il panettiere / 4.f il meccanico / 5.h il bicchiere / 6.b le castagne / 7.e la lampada / 8.i l'aereo / 9.d la stazione

A2 2. in / 4. da / 5. di / 6. in / 7. sul / 8. tra / 9. da
b. nel / c. alle / g. dal

B1 1. …e vorrebbero qualcosa di buono da mangiare.
2. …le piacerebbe acquistare dei libri interessanti da leggere.
3. …l'autista avrebbe bisogno di qualcosa di fresco da bere.
4. …di bello da vedere in tv…
5. …qualcosa di nuovo da studiare…

162 centosessantadue

prima parte

B2 togliere-caldo-bere-fare-forte-bello-freddo-vedere-dire-interessante-aggiungere-debole

B2.1 2. da fare / 3. di… forte / 4. di interessante / 5. da dire / 6. da aggiungere

C di, di, a, a, di, al, di, da, da, di, dai, dai, in, di, in, in, di, di, di, a, da, al, di, di, del, di

D A 14 anni, All'età di quattordici anni
Nel 2009
Nel febbraio del 2010, Nel mese di febbraio 2010
In/A ottobre, Nel mese di ottobre
Nel 2013

E1 1. a comprare / 2. a fare / 3. per parlare / 4. per addormentarsi / 5. per la spesa / 6. a fare

E2 1. d / 2. c / 3. f / 4. a / 5. b / 6. e

E3 1. C / 2. F / 3. F / 4. C / 5. F / 6. C

E4 1. Maria trema dalla paura.
2. Claudio è pieno di tensione.
4. Paolo e Giulio stanno morendo di freddo.
5. Maria è rossa per la vergogna.
6. Giorgio grida di felicità.

F1 1. sulla / 2. di / 3. a / 4. di / 5. a / 6. di

F2 1. … non mi fido di lui… / 2. … si è innamorato di lei / 3. … non riesco a portarle… / 4. … ti sei ricordato di portarmi… / 5. Ho bisogno di un lavoro. / 6. Credi in quello che fai…

F3 Dialogo 1. <u>farsi aiutare dalle persone che ci sono vicine</u> (f); <u>stare lontani da persone come lui</u> (d)
Dialogo 2. <u>studiare meglio il programma di Storia</u> (c); <u>non sei stato capace di superarlo</u> (e)
Dialogo 3. <u>Descrivimi un po' questa tua idea</u> (a)

F3.1 Dialogo 1
f e <u>avere fiducia in qualcuno</u>.
d meglio <u>non avere a che fare con persone come lui</u>.
Dialogo 2
c il caso <u>di concentrarsi meglio sul programma di storia</u>.
e <u>non sei stato in grado di superarlo</u>.
Dialogo 3
a <u>parlami un po' di questa tua idea</u>.

Test 1
A 1. d / 2. f / 3. c / 4. a / 5. e / 6. b

B 1. si beve, ci si alza / 2. si va / 3. ci si diverte / 4. si festeggia / 5. ci si saluta

C 1. andiamo / 2. ci si sente / 3. mi distraggo / 4. ci si distrae / 5. si viaggia / 6. viaggio

D 1. sono dovuti… / 2. volevano / 3. voleva, è dovuto / 4. dovevamo, abbiamo potuto

E 1 abbiamo / 2. ha / 3. che / 4. forma / 5. primo / 6. Dopo / 7. per / 8. Poco / 9. lungo / 10. volevamo / 11. abbiamo / 12. volevamo

F 1. nel / 2. dal… al / 3. di / 4. a / 5. da

G 1. di / 2. a / 3. dal / 4. per / 5. di / 6. di

H 2. hanno bisogno ~~con~~ **di** te / 4. dimenticati di nuovo ~~a~~ **di** riportare / 5. si sono innamorati ~~per~~ **di** te / 6. Non credete ~~di~~ **a** tutto quello che

I 1. siamo potuti / 2. alle / 3. bisogno / 4. si fida / 5. Nel… abbiamo potuto

Unità 4 - Superlativi e comparativi
A 1 vicino - vicinissimo; buono - buonissimo / lungo - lunghissimo / difficile - difficilissimo; gentile - gentilissimo

A2 2. velocissima / 3. interessantissimo / 4. facilissimo / 5. grandissimo / 6. lunghissimo

B1 2. alto, famiglia / 3. raccomandato, università / 4. volenteroso, studenti / 5. città, belle / 6. belle isole

B2 1a. … più visitata tra il 2016 e il 2017.
1b. … il cibo italiano più consumato al mondo.
2a. … che conta più prodotti riconosciuti tra i paesi latini dell'Europa.
2b. … è il mare più pulito d'Italia.
2c. … ha più bandiere blu tra le regioni del sud.

C1 2. peggiori / 3. maggiore / 4. minore / 5. migliori / 6. superiore

C2 2. b / 3. d / 4. e / 5. c / 6. a

Unità 5 - Trapassato prossimo
A1 1. … eri già partito
2. Avevamo, avevamo camminato
3. ho potuto chiamare, avevano rubato
4. trasferirmi, avevo già ottenuto
5. ha mandato, era già successo
6. eri, ci eravamo ancora incontrati

A2 2. Camminare: avevamo camminato / 3. Rubare: avevano rubato / 4. Ottenere: avevo ottenuto / 5. Succedere: era successo / 6. Incontrarsi: non ci eravamo incontrati

B 1. … ci siamo trasferiti a Bologna, non ci eravamo ancora sposati.
2. Mi sono laureata, quando tu non eri ancora nato.
3. Quando sono arrivato… perché la mattina non avevo preparato niente per la cena.
4. Luca non mi ha voluto aiutare, perché avevamo litigato.
5. Ieri, ho ricevuto un messaggio dalla persona che mi aveva rotto…

C 1. Siamo andati, erano… arrivati, era, abbiamo cominciato.
2. ero, c'erano, giocavo, avevano regalato, si chiamava.
3. ho visto, avevo conosciuto, aveva dato, ho pensato.
4. avevo, ho chiesto, ha risposto, aveva, aveva dimenticato.
5. girava, ho capito, sono andato, mi sono avvicinato, ho toccato, mi sono accorto, era, Era, aveva avuto.

UNITÀ 1-4

chiavi

D. 1. e / 2. c / 3. d / 4. a

E. 1. A in / 2. C pieno / 3. A lungo / 4. A cercavo / 5. C in / 6. C si era trasformato / 7. A era tornato / 8. A Nella / 9. B sono volati / 10. C quei / 11. C hanno fatto / 12. A così

Unità 6 - Pronomi e verbi pronominali 1

A1 2. le caramelle (D) / 3. i dolci (D) / 4. a Giulia (I) / 5. a Carlo (I) / 6. la pizza (D)

2. Ho comprato le caramelle e **le** ho dat**e** ai miei nipotini.
3. Appena ho visto quei dolci al mercato, **li** ho pres**i** e **li** ho mangiat**i**.
4. Marco si è arrabbiato con Giulia e **le** ha dato uno schiaffo.
5. Carlo non vuole venire al concerto, perché non **gli** piace Jovanotti.
6. A Marta piace molto la pizza e sua madre **l'**ha preparat**a** anche al suo compleanno.

A2 2. …mi ha detto (I) / 3. vi accompagna… (D) / 4. per portarLe (I) / 5. l'ho dipinto io (D) / 6. gli hanno annullato (I)

A3 1. ti / 2. gli / 3. lasciarla, metterla / 4. mi / 5. spiegarci / 6. le

A4 Vi è mai capitato di pensare… / le donne non le capirò mai / non gli è mai successo / le ha strappate via dalle mani / di quelle che riescono a sconvolgerti… / Tutte le donne lo fanno… / Ma quando lo incontri, è per sempre.

B1 1a. ci vogliono, in treno / 1b. In macchina, ci metto
2a. faccio, ci metto / 2b. tradizionale, ci vuole
3a. ci vogliono / 3b. ci posso mettere
4a. ci mettiamo / 4b. ci vogliono, ci metto
5a. ci hai messo molto tempo / 5b. ci vogliono venti minuti

B2 1. ci riesco / 2. ci penso / 3. ci credo / 4. ci penso / 5. ci riesce / 6. ci credo

C1 1. ne ho bisogno / 2. ne parliamo / 3. ne ho voglia / 4. ne so qualcosa / 5. ne ho bisogno / 6. ne pensi, ne voglio parlare

C2 Errori: 1. saperne / 2. ne conoscevo / 3. ne vede / 4. ne tengo / 5. ne rifletti
Correzioni: 1. parlarne / 2. ne sapevo / 3. ne ho / 4. ne ho / 5. ne pensi

Test 2

A 1. facilissima / 2. cattivissima / 3. grandissimi / 4. bellissime / 5. antichissimi / 6. piccolissimi

B 1. noiosissimo / 2. migliore / 3. superiore / 4. maggiore / 5. pessimo / 6. forte

C 1. ~~lunchissima~~, lunghissima / 3. di Bologna / 4. ~~pessimo~~ minimo / 6. ~~inferiore~~ superiore

D 1. avevo… fatto / 2. avevano rubato / 3. avevo lasciato / 4. si erano… fermati / 5. avevo trovato / 6. si era bucata

E 1. c / 2. d / 3. f / 4. a / 5. b / 6. e

F si chiamava / era crollato / era cresciuto / sorgeva / ha messo / era scappato

G 1. mi hai regalato / 2. Ti ho detto / 3. l'ho ancora restituito / 4. vi vogliamo / 5. Le hanno nascosto / 6. gli hanno rubato

H chiederla, gli, mi, li, mi, Le

I 1. vuole / 2. abbiamo messo / 3. ha messo / 4. credo / 5. pensiamo / 6. riesco

L 1. c / 2. f / 3. e / 4. d / 5. a / 6. b

Unità 7 - Imperativo indiretto (Lei)

A1 lavorare: (tu) lavora, (Lei) lavori / avere: (tu) abbi, (Lei) abbia / inviare: (tu) invia, (Lei) invii / scrivere: (tu) scrivi, (Lei) scriva / fare: (tu) fa', (Lei) faccia / venire: (tu) vieni, (Lei) venga / scusare: (tu) scusa, (Lei) scusi / prendere: (tu) prendi, (Lei) prenda / scendere: (tu) scendi, (Lei) scenda / salire: (tu) sali, (Lei) salga / guardare: (tu) guarda, (Lei) guardi / essere: (tu) sii, (Lei) sia / dire: (tu) di', (Lei) dica / andare: (tu) va', (Lei) vada.

A2 2. abbia / 3. dia / 4. Guardi / 5. prenda / 6. Dica

A3 2. Lei: Sia gentile, mi aiuta a portare le borse della spesa?
3. Lei: Vada al piano superiore e prenda i documenti che Le servono.
4. Lei: Faccia quello che vuole.
6. Lei: Entri pure, La stanno aspettando.

B1 1. E / 2. C / 3. A / 4. F / 5. D / 6. B

B2 1. B / 2. A / 3. B / 4. C / 5. D / 6. A

C1 2. Non lavori troppo! / 3. Non prenda troppi farmaci! / 4. Non stia troppo al sole! / 5. Non si arrabbi! / 6. Non beva alcolici!

C2 1 (orizzontale) DIA / 1 (verticale) DICA / 2. VENGA / 3. GUARDI / 4. FACCIA / 5. STIA

D1 L'Imperativo Lei con i pronomi: Non mi giudichi / Lo chiami! / La ascolti!/ Non le mandi i file! / Non gli telefoni

D2 3. Questo libro è molto interessante. **Lo** *legga*, Le piacerà sicuramente.
4. I signori sono appena arrivati. **Li** *accompagni* nelle loro camere.
6. La signorina ha bisogno di aiuto, **Le** *mostri* come compilare il modulo.

D3 Si ricordi / venga / prenda / le sposti / non si dimentichi / Non mi dica / Non mi faccia / non lo stia / non se ne vada

prima parte

Unità 8 - Condizionale composto
A 2. Avreste comprato… / 3. Saremmo usciti… / 4. Saresti venuto… / 5. Avrebbero studiato… / 6. Sarebbe partito… / 7. Avremmo preso… / 8. Mi sarei trasferito…

B1 sarebbero entrati / avrebbe rubato / avrebbe tenuto / si sarebbero accorte / avrebbero spruzzato

B2 avrebbe fatto / si sarebbe recato / avrebbe ucciso / si sarebbe recato / avrebbe aperto / si sarebbe buttato

B3 avrebbe perso / avrebbero cercato / sarebbero riusciti / avrebbe fatto / avrebbe causato

C2 (Scorpione) avrebbe incontrato la sua anima gemella, (Bilancia) si sarebbe sentito subito meglio.
(Gemelli) sarebbe riuscito a fare la pace con il suo partner.
(Sagittario) avrebbe vinto abbastanza soldi per fare una vacanza.
(Leone) sarebbe diventato ricco.

D 1. Sì / 2. No / 3. Sì / 4. No / 5. Sì / 6. Sì / 7. Sì / 8. No / 9. No

E 1a. presteresti
1b. avrei prestato
2a. avrei dato
2b. daresti
3a. Giochereste
3b. Avremmo giocato
4a. Avrei partecipato
4b. Parteciperesti
5a. Avrebbero finito
5b. finiresti
6a. Prendereste
6b. Avrebbero preso

Unità 9 - Pronomi combinati
A1 2. **ve li** avevo già scritti. / 3. **Ce le** portano / 4. **glieli** puoi restituire / 5. **me l'**hanno sequestrata / 6. **glielo** rispiego io.

A2 vi + li = ve li / ci + le = ce le / gli-le-Le + gli = glieli / mi + la = me la / gli + lo = glielo

B 1. d / 2. e / 3. b / 4. c / 5. f / 6. g

C1 1. me l'ha regalata / 2. te le posso stirare / 3. te ne posso dare / 4. ce li hanno spiegati / 5. ve li presto / 6. me ne hanno parlato

C2 *a noi* + i pronomi = ce li hanno spiegati / *a te* + i biglietti = te ne posso dare / *a te* + le magliette = te le posso stirare / *a voi* + i soldi = ve li presto

D 1. Me ne / 2. Gliel' / 3. Ve l' / 4. Ce l' / 5. Glielo / 6. Me ne

E 2. Ha fatto le fotografie, ma non **ce le** ha ancora mostrate.
3. A loro piace molto l'arte. Se hai finito il quadro, fa**glie**lo vedere.
4. Giulia ha bisogno di un po' di latte. Se vai a comprarlo al supermercato, **glie**ne porti un litro, per favore?
5. Signorina, il direttore sta aspettando il contratto. Appena il cliente lo firma, **glie**lo porti.
6. Questi soldi sono miei, da**mme**li.

F 2. dagliene / 3. te li porto / 4. Me le faccia / 5. te le do / 6. Fattene

G 2. gliel' / 3. se li / 4. me l' / 5. me lo / 6. me la (2) / (5) / (6) / (4) / (1) / (3)

Test 3
A 1. f / 2. c / 3. e / 4. a / 5. b / 6. d

B 1. scriva / 2. Fa… / 3. porti / 4. stia / 5. Da… / 6. accompagni

C 1. li butti / 2. firmi / 3. prenda / 4. cominci / 5. non mi faccia / 6. non lasci

D 1. Avremmo mangiato / 2. avrebbero fatto / 3. Sarei rimasto / 4. si sarebbe svegliata / 5. si sarebbe presentata / 6. avresti finito

E 1. No / 2. Sì / 3. Sì / 4. No / 5. No / 6. Sì

F 1. starei / 2. Saremmo rimasti / 3. dareste / 4. tradurresti / 5. sarebbe venuto / 6. Avresti fatto

G 1. Te l' / 2. Ve l' / 3. ve ne / 4. Dammeli / 5. se ne / 6. me li

H 1. gliela / 2. te le / 3. me l' / 4. ce la / 5. ce li / 6. ve le

Unità 10 - Futuro semplice e Futuro anteriore
A 2. h andrai / 3. b farai, verrai, rimarrai / 4. c. dovrai / 5. g potrà / 6. a vedranno / 7. d rimarranno, ci saranno / 8. f avrà, potrà

B1 2. Programma: 4. Partiremo; 5 visiteremo, pranzeremo / Progetto: 6 ci trasferiremo / Ipotesi, supposizione: 3 avrà; 4 arriveremo / Previsione: 2 pioverà.

B2 Programma: … lasceremo le valigie e faremo un giro in città.
Progetto: … Quando finirò l'università, partirò per l'Europa e visiterò i miei amici all'estero.
Previsione: … Paola è molto preparata, supererà l'esame senza problemi.
Supposizione: … Non sento i bambini. Staranno combinando qualche guaio.

C1 1. avrete bevuto / 2. avremo trovato / 3. vi sarete sposati / 4. avrai fatto / 5. ti sarai reso / 6. si sarà svegliata

C2 2. avrete guardato / 3. avranno dato / 4. avremo parlato / 5. avrai ascoltato / 6. avrà finito / 7. avrò scelto

C3 2. avrà finito / 3. avrai chiesto / 4. avremo finito / 5. avrai scritto / 6. avranno preparato

C4 2. avrà terminato / 3. Sarà stato / 4. avrà messe / 5. Ci saranno state / 6. avrà presa

C5 2. Sarà caduta mentre ballava. / 3. Saranno andati a letto tardi. / 4. Si sarà fermato a studiare in biblioteca. / 5. Le avremo dimenticate a casa. / 6. Avranno messo una protezione abbastanza alta.

chiavi

D1 1. Studierò, supererò / 2. avrai finito, potrai / 3. si trasferiranno, lavoreranno / 4. Visiteremo, andremo / 5. avrete fatto, lascerete, andrete / 6. Sarà

D2 2. Programma: 4 / Progetto: 3 / Supposizione: 6 / Ordine: 2

Unità 11 - Pronomi relativi 1

A 2. Avete fatto le attività che vi ha assegnato l'insegnante.
3. Non ho ancora cominciato a leggere i libri che ho comprato due settimane fa.
4. La polizia mi ha restituito il passaporto, che mi avevano sequestrato la settimana scorsa.
5. I bambini hanno rotto il tablet, che ci avevano regalato gli zii.
6. Le bottiglie di vino che avevamo vinto alla Fiera sono finite.

B 2a. Mi hai presentato una ragazza.
2b. Conoscevo già la ragazza.
3a. Ho incontrato un ragazzo.
3b. Avevo conosciuto il ragazzo all'università.
4a. Ho corretto l'articolo.
4b. Mi avevi mandato l'articolo la settimana scorsa.
5a. La padrona di casa ha ritrovato la collana.
5b. Avevo perso la collana.
6a. Ti ho raccontato una storia.
6b. Hai capito la storia?

C 2. Le ragazze che… / 3. Queste sono le bottiglie che… / 4. le cose che… / 5. Le persone che… / 6. la borsa che le…

D 2. È la mia fidanzata che mi ha dato uno schiaffo.
3. È la macchina rossa che è esplosa nell'incidente.
4. Sono i bambini che hanno vinto la partita.
5. È il telefono di Giulia che ha squillato mentre dormivamo.
6. Sono le sirene che hanno dato l'allarme durante l'attacco del nemico.

E 2. Il film di cui mi hai parlato è molto interessante.
3. La donna a cui hanno tolto la bambina, ora, è in carcere.
4. Hanno venduto la macchina in cui mi nascondevo da bambino.
5. La città da cui vengono quei turisti è Durban.
6. La ragazza per cui ho perso la testa non viene alla festa.

F 2. b / 3. f / 4. a / 5. e / 6. c

G 2. Carla è la ragazza a cui voglio molto bene.
3. L'amico di cui mi fidavo mi ha tradito.
4. Questa è la città in cui ho vissuto per tanti anni.
5. L'estetista da cui di solito vado è molto brava.
6. I miei figli sono le uniche persone per cui darei la vita.

H2 2. che / 3. in cui / 4. che / 5. che / 6. da cui / 7. con - da cui / 8. che / 9. per cui

I 1. B che / 2. A in cui / 3. C condividere / 4. B come / 5. C che / 6. B alcuni / 7. A che / 8. A in cui / 9. B di / 10. B qualche / 11. A che / 12. C essere / 13. C che

Unità 12 - Congiuntivo presente e passato

A1 1. mangi / 2. dormano / 3. prenda / 4. mangino / 5. prendiate / 6. dormiate

A2 *Mangiare: noi mangiamo, voi mangiate / *Prendere: noi prendiamo, loro prendano / *Dormire: io, tu, lui-lei-Lei dorma, noi dormiamo

A3 2. b mangiate / 3. d dormiamo / 4. a prendano / 5. f prendiamo / 6. c mangiamo

B1 1. Emozione / 2. Volontà / 3. Dubbio / 4. Emozione / 5. Dubbio / 6. Opinione

C1 Verbi irregolari: 4. siate / 5. stiano / 6. faccia

C2 io, tu, lui: abbia, debba, faccia, sappia, scelga / noi: siamo, saliamo / voi: siate, beviate, scegliate / loro: stiano, debbano, escano

C3 stia, possa, debba, facciamo, stiamo, possano, esca, vada, stia, beva, andiamo

D1 1. C / 2. A / 3. F / 4. D / 5. E / 6. B

D2 4. Interrompere: lei abbia interrotto / 6. Andare: loro siano andati

D3 1. f abbiano ricostruito / 2. b sia successo / 3. d siano… partiti / 4. e sia stato / 5. a abbiano… terminato / 6. c abbiano capito

D4 sia, conosca, abbia fatto, abbia… vissuto, sia, abbia… trovato, voglia

E1 1. nonostante / 2. affinché / 3. nonostante / 4. affinché / 5. affinché / 6. nonostante

E2 abbiamo, si debba, nonostante, faccia, affinché, rispetti, segua, affinché, nonostante

Unità 13 - Verbi pronominali 2

A 3. Non ci lo vedo / 5. non ci ho sentito / 7. ci vedi

B1 1. Se ne fregano / 2. se ne vanno / 3. ve ne andate / 4. ve ne fregate / 5. se ne frega / 6. te ne vai / 7. se ne fregano, Se ne… andare

B2 farcela - me la sentivo - me ne sono fregato - se la sono cavata me la sentivo, se la sono cavata, farcela, me ne sono fregato
Dialogo: me la sentivo, se la sono cavata, farcela, me ne sono fregato

C 1. Smettila / 2. Ce l'hai fatta! / 3. Se la cavano! / 4. Ve la sentite? / 5. Ce la faremo? / 6. Ce la siamo cavata!

D1 1. sentirsela / 3. cavarsela / 4. (orizzontale) farcela, (verticale) fregarsene / 5. andarsene / 6. vederci / 7. smetterla

D2 2. f / 3. g / 4. c / 5. d / 6. h / 7. a / 8. b
2.1
2. smetterla / 3. fregarsene / 4. sentirci

prima parte

/ 5. vederci
/ 6. farcela / 7. sentirsela / 8. andarsene

2.2
2. I miei genitori vogliono che io la smetta di seguire il corso di yoga.
3. I responsabili se ne fregano che tu abbia le competenze giuste per lavorare nell'azienda.
4. La zia non ci sente e quindi non riesce a parlare al telefono.
5. Mi scusi, ma non ci vedo bene…
6. Paolo non ce la fa da solo a portare i pacchi. Sono troppo pesanti.
7. Non ce la sentiamo di partecipare alla gara.
8. Me ne vado. Mi sto annoiando.

Test 4
A 1. Avranno finito / 2. Avrà litigato / 3. avrà presa / 4. Saranno andati / 5. avrà presi, avrà spostati

B 1. inizieremo / 2. potrai / 3. Sarà finita / 4. distribuirà / 5. sarà partito / 6. starà

C 1. b con cui / 2. c che / 3. b che / 4. b in cui / 5. a con cui / 6. b per cui

D 1. ~~che~~ in cui / 3. ~~di~~ su cui / 5. ~~di~~ da cui / 6. ~~che~~ in cui

E 1. f / 2. c / 3. b / 4. d / 5. e / 6. a

F 1. abbia… frequentato / 2. stia / 3. sia arrivata / 4. voglia / 5. abbia dato / 6. siano

G 1. a / 2. c / 3. c

H 1. sebbene / 2. affinché / 3. affinché / 4. Nonostante / 5. nonostante / 6. affinché

I 1. f / 2. d / 3. b / 4. e / 5. c / 6. a

L 1. Smettetela / 2. Ve la sentite / 3. Andatevene / 4. se ne fregano / 5. te la cavi / 6. Ce la fai

Test finale
A 1. c scopriremo / 2. b per / 3. b berremo / 4. a nella / 5. b di / 6. c la / 7. b al / 8. a fino / 9. c proveremo / 10. b della / 11. b al / 12. a dai

B 1. e / 2. d / 3. f / 4. b / 5. a / 6. c

C Sarà / avrò fatto / rimetterà / farò / si accomodi / faccia / Non stia / si prenda / Ritorni / vedremo

D 1. le / 2. ne / 3. Le / 4. ci / 5. l' / 6. ne

E 1. gliele / 2. che / 3. cui / 4. te ne / 5. cui / 6. che

F 1. c / 2. f / 3. e / 4. a / 5. d / 6. b

G 1. avevi… fatto / 2. avresti fatto / 3. Avrei cominciato / 4. avevi… cominciato / 5. si erano trasferiti / 6. si sarebbero trasferiti

H 1. b / 2. a / 3. c / 4. a

SECONDA PARTE
Unità 14 - Passato remoto
A 6 lei accettare: accettò / 7 io andare: andai / 1 noi partire: partimmo / 3 noi conoscere: conoscemmo / 5 (orizzontale) loro sposarsi: si sposarono / 5 (verticale) voi studiare: studiasti / 4 lei credere: credette

B 1. f / 2. c / 3. b / 4. d / 5. a / 6. e

C 1. studiò / 2. furono / 3. incontrò / 4. scoppiò / 5. partirono / 6. morì

D 1. mise, fu / 2. emigrarono / 3. scrisse / 4. nacque, morì / 5. prese / 6. fallì

E Verbi al Passato Remoto
A: iniziò, si mise, cominciò, decise / B. intervenne, salvò, prese, propose, promise, si imbatté, Finì / C: diede, mandò, si trovò, regalò. / D: incontrò, convinsero, rubarono, impiccarono. / E: cambiò, si decise, venne (2) / F: si trasformò, venne (2), incontrò, riuscirono
Sequenza corretta: A. (1), C. (2), D. (3), B. (4), F. (5), E. (6)

F fu, si sviluppò, maturò, produsse, manifestò, si occupò, raggiunse, trascurò, diventarono

G Sì: 3, 5, 6

Unità 15 - I tempi dell'Indicativo
A 1. a batte, b batteva / 2. c scoppierà / 3. a smise / 4. b rivoltano / 5. b Chiesi / 6. avevano sottoposti

B1 1. raccontò / 2. Speriamo / 3. ha ammesso, aveva perso / 4. avrò terminato, porterò / 5. era riuscita / 6. voleva

B2 *Passato Prossimo*: io ho ammesso, tu hai ammesso, lui-lei <u>ha ammesso</u>, noi abbiamo ammesso, voi avete ammesso, loro hanno ammesso.
Imperfetto: io volevo, tu volevi, lui-lei <u>voleva</u>, noi volevamo, voi volevate, loro volevano.
Trapassato Prossimo: (perdere) io avevo perso, tu avevi perso, lui-lei <u>aveva perso</u>, noi avevamo perso, voi avevate perso, loro avevano perso / (riuscire) io ero riuscito/a, tu eri riuscito/a, lui-lei <u>era riuscito/a</u>, noi eravamo riusciti/e, voi eravate riusciti/e, loro erano riusciti/e
Passato Remoto: (raccontare) io raccontai, tu raccontasti, lui <u>raccontò</u>, noi raccontammo, voi raccontaste, loro raccontarono
Futuro Semplice: (portare) io <u>porterò</u>, tu porterai, lui-lei porterà, noi porteremo, voi porterete, loro porteranno
Futuro Composto: (terminare) io <u>avrò terminato</u>, tu avrai terminato, lui-lei avrà terminato, noi avremo terminato, voi avrete terminato, loro avranno terminato

C 2. Ogni volta che il cane combinava qualche guaio, si nascondeva sotto il mobile.

UNITÀ 10-13

chiavi

3. Quando avrò finito di rispondere a tutte le mail, uscirò a prendere una boccata d'aria.
4. Se mi corico troppo presto, mi sveglio durante la notte.
5. Poiché Sandra aveva presentato la domanda in ritardo, la commissione non l'ha accettata al concorso.
6. Anche se ci troviamo a Firenze da diversi giorni, non siamo ancora riusciti a visitare gli Uffizi.

D 1. f / 2. b / 3. a / 4. e / 5. d / 6. c

E ti invidio / erano / avevo capito / sono abituato / si chiamano / mi sono confuso / le hai trovate / l'ho fatto / Me ne stavo

F Affermazione: 2, 6 / Ordine: 3, 7 / Cortesia: 5, 8 / Disaccordo: 1, 2

G Prese, guardava, faceva, riempivano, spalancherete, sentì, si trascinò, capiva

H 1. F / 2. V / 3. V / 4. F / 5. F / 6. V

Unità 16 - Congiuntivo imperfetto

A1 1. partissimo / 2. lavorasse / 3. prendessi / 4. prendeste / 5. lavorassero / 6. partiste / 7. prendessimo / 8. lavorassi

A2 Lavorare: tu lavorassi, noi lavorassimo, voi, lavoraste / Prendere: tu prendessi, lui-lei prendesse, loro prendessero / Partire: io partissi, tu partissi, lui-lei partisse, loro partissero

B 1. e / 2. a / 3. f / 4. b / 5. d / 6. c

C 1. fosse / 2. uscissi / 3. capisse / 4. raccontaste / 5. riuscissero / 6. russasse

D 1. Che l'avvocato sapesse tutto sulla questione… / 2. Mio padre esigeva che gli dicessi… / 3. Tutti dubitavano che la starlet stesse per sposare… / 4. Come potevo immaginare che voi foste… / 5. Non mi sembrava vero che il direttore mi proponesse… / 6. Era un cameriere maleducato e si aspettava che noi gli dessimo…

E Augurio: 5 / Dubbio: 3 / Emozione: 2 / Volontà: 4 / Opinione: 1 / Desiderio: 6

F 2. Per un momento, credemmo che Lisa fingesse di star male, per evitare la prova d'esame.
3. Non ci aspettavamo che la vostra città fosse più caotica della nostra.
4. Speravo che Andrea si rendesse conto dei suoi errori.
5. Gli ho mandato il mio libro, affinché lo leggesse e mi dicesse la sua opinione.
6. Non immaginavo che la fisica quantistica ti interessasse così tanto.

G 1. telefonassi / 2. prendessero / 3. venisse / 4. fossero / 5. accettasse / 6. trovassi, ti sistemassi

H 2. voleva / 3. passasse / 4. stesse / 5. erano / 6. tornasse / 7. fosse / 8. aveva / 9. rinunciasse / 10. riuscisse

Test 1

A 1. vidi / 2. rimanessero / 3. mise / 4. fermassimo / 5. dovette / 6. fischiarono

B gettò, si diffusero, prepararono, si trasformarono, misero, prese, descrisse, colpì

C 1. fosse / 2. era / 3. si stabilirono / 4. sentissero / 5. si era comportato / 6. avesse

D 1. <u>Lo scienziato si occupò di anatomia, botanica, fisica, matematica, ottica e astronomia.</u>
2. <u>Lo scrittore Leonardo ci ha lasciato ben 7700 manoscritti.</u>
3. <u>Un'altra delle sue invenzioni è "la tecnica dello sfumato".</u>

E volevo, si è sentito, ragiona, è stato, riguarda, avrà predisposto, scavalca, muore

F 1. e / 2. d / 3. f / 4. b

G 1. presentasse / 2. rimanesse / 3. portassero / 4. facesse / 5. dicesse / 6. fosse

H (1) Io credevo che ti piacessero / (2) Preferirei andarci / (3) Non immaginavo che ci fossero / (4) ha insistito che visitassimo / (5) Non sapevo che esistesse / (6) non pensavo che un tipo come te facesse

Unità 17 - Periodo ipotetico (I e II tipo)

A. I Tipo

1 1. guarirà / 2. andrete, dovete / 3. ubriacherai, continui / 4. prendiamo, facciamo / 5. compro, regalerò / 6. vai, ammalerai

2 1. f / 2. e / 3. d / 4. a / 5. b / 6. c

3 (1) <u>Se sei convinto … devi farti guidare</u> / (2) "<u>Se vogliono vendere … le aziende possono stimolare</u> / (4-6) <u>Se si inseriranno … le possibilità di successo saranno</u> / (7) <u>se si punta … è necessario intervenire</u> / (11) <u>se si manipola … riusciremo</u>

4 1. Se aspettiamo il periodo dei saldi, non troveremo più questi jeans di Cavalli.
2. Se Giulio mi rivolgerà / rivolge la parola, io farò finta di non sentirlo.
3. Se compriamo subito questo terreno, faremo un ottimo affare.
4. Tesoro, se ti tagli la barba, sembrerai più giovane.
5. Dormirai otto ore di fila, se bevi / berrai questa tisana.
6. Se arrivi / arriverai prima di me, scalda le lasagne che ho lasciato in frigo!

seconda parte

B Il Tipo

1. 2. se (d) aveste la possibilità / 3. (a) parteciperei alle Olimpiadi / 4. (f) guadagneresti sicuramente… / 5. Se tutti (e) comprassero… / 6. Se (c) trovaste…

2. 1. avesse, assumerebbe / 2. continuassi, potrebbe / 3. risolvesse, sarebbe / 4. portasse, gliene sarei / 5. vi accompagneremmo, fosse / 6. mi dovesse, sapreí

3. 2. Se anche noi fossimo affascinanti, avremmo molti ammiratori.
   3. Se anche loro guadagnassero un sacco di soldi, potrebbero fare delle vacanze esotiche.
   4. Se anche tu andassi in palestra, ti manterresti in forma.
   5. Se anche voi lavoraste poco, coltivereste molti hobby.
   6. Se anch'io frequentassi dei locali eleganti, conoscerei gente importante.

4. Se io potessi scegliere / sarei quel mare / Vedrei i milioni / mi incanterei ad osservare / ammirerei i delfini / Se io potessi essere / piacerebbe essere / lo scriverei canzoni / farei ballare / scriverei anche

Unità 18 - Congiuntivo trapassato

A Frasi con il verbo al *Trapassato Congiuntivo*: 1 (*avesse vinto*), 3 (*fosse successo*), 4 (*avesse studiato*), 5 (*avesse nevicato*)

B 2. fossero nati / 3. avessimo fatto / 4. avessero rubato / 5. avessi cercato / 6. foste preparati

C 2. aveste risolto / 3. fosse stata / 4. avessi risposto / 5. ci fossimo dati / 6. avessi detto

D 1. Era impossibile che noi l'avessimo saputo in anticipo.
   2. Avevo tanto sonno, malgrado mi fossi riposata abbastanza.
   3. Non credevamo che a Bari avesse nevicato così tanto.
   4. Era un peccato che Gina non avesse fatto un po' di dieta prima del matrimonio.
   5. Non immaginavo che Andrea avesse vissuto cinque anni in India.
   6. Cristina gridava per la paura, come se l'avessero aggredita.

E 1. f / 2. c / 3. e / 4. b / 5. a / 6. d

F 1. avessero chiamata / 2. più / 3. quel / 4. tardi / 5. chi / 6. ritardo / 7. avesse cercata / 8. avesse inventato / 9. appuntamento / 10. avesse sentito / 11. avesse visto / 12. avessero svaligiato

Unità 19 - Preposizioni semplici e articolate 2

A 2. della / 3. di / 4. con / 5. in / 6. A / 7. alla / 8. nei

B 2. negli (Totò) / 3. nel (Andrea Bocelli) / 4. tra i (Armani) / 5. dei (Augusto) / 6. del (Federico Fellini)

C 2. (b) a / 3. (c) sul / 4. (a) dell' / 5. (f) da / 6. (d) della

D in, del, sulla, al, dai, da, in, con i, a, di

E 1. Nella maggior parte dei paesi d'Europa, la disoccupazione non fa che aumentare.
   2. Visto che tutti ridevano per la barzelletta di Giulio, si mise a ridere anche lei.
   3. A scopo promozionale, distribuiscono campioni gratuiti del prodotto, in tutta la città.
   4. Il modo di parlare dei maschi della comitiva, spesso mette in imbarazzo la mia ragazza.
   5. A volte, il mio fratellino dice alla mamma che quando sarà grande, si sposerà con lei.
   6. Mariella crede di sfondare nel cinema, grazie unicamente alla sua bellezza.

F sui, di, per/in, In, del, della, di, della, a

G 1. a, nel, della, all', in, dei, della (C. Dante Alighieri) / 2. della, nell', del, con il, a, di, alle, da, in, dall' (Fiat 500) / 3. della, Per, di, delle, tra le, del, alla, tra i, dell' (A. Venezia).

H a, deriva/viene, lingua, di, continuo/reciproco, quello, al, corpo, di, in, con, in

I 2. mettersi in proprio / 3. toccasse il cielo con un dito / 4. ho fatto un buco nell'acqua / 5. non ha peli sulla lingua / 6. facciamo di ogni erba un fascio / 7. ha la testa fra le nuvole / 8. ha un diavolo per capello
2. (8) / 3. (6) / 4. (7) / 5. (5) / 6. (3) / 7. (4) / 8. (2)

Test 2

A 1. manderei / 2. sarei / 3. imbroglierei / 4. taglierei / 5. andrei / 6. fuggirei

B 1. Se Vittoria sapesse nuotare, potrebbe venire in piscina con noi.
   2. Se non facessi le ore piccole, la mattina non saresti sempre a pezzi.
   3. Se Martina venisse al ricevimento, potremmo presentarLe Luigi.
   4. Se questo lavoro a Torino offrisse buone prospettive, mi interesserebbe molto.
   5. Se in questo ristorante avessero un buon servizio, ci verremmo spesso.
   6. Se Alice non fosse fidanzata con Dino, le farei il filo.

C 1. di / 2. benché / 3. da / 4. a / 5. degli / 6. Anche

D 1. si fossero divertiti / 2. avessero parlato / 3. fosse nata / 4. si fosse preparata / 5. avesse colpito / 6. avessi parlato

E 1. d / 2. b / 3. a / 4. e / 5. f / 6. c

F 1. Era un vero peccato che non aveste visitato il Museo delle Cere a Londra.
   2. Mi dispiaceva molto che Mauro si fosse ammalato di nuovo.

chiavi

3. Benché Luisa stesse facendo una dieta rigorosa, non riesce a dimagrire.
4. Era strano che non fosse ancora arrivata una risposta alla mia richiesta di lavoro.
5. Mi faceva piacere che fosse venuta anche Sandra in crociera con voi.
6. Sospettavamo che quei due non si fossero incontrati per caso.

G 1. (b) in / 2. (c) a / 3. (a) da / 4. (a) ad / 5. (c) sulle / 6. (a) Per

H 2. ~~per~~ con il nostro argomento. / 3. in riva ~~del~~ al mare / 5. risale ~~dal~~ al periodo / 6. ~~d'~~ all'ingrosso

I 1. Se stasera vieni anche tu al concerto, *ti presento Laura che frequenta un corso con me all'università.* / *ti presento Laura, la ragazza che frequenta un corso con me all'università.*

2. Se dimentichi il passaporto, non potrai prendere l'aereo con noi e rimarrai qui per tutta l'estate.

3. Io pensavo che i bambini fossero rimasti a casa, perché si erano comportati male.

4. Caterina continuava ad arrabbiarsi, nonostante io le avessi detto più volte di calmarsi, perché non voleva accettare quello che avevo fatto.

5. Sono un po' arrabbiato, perché ho prestato il mio nuovo computer ai miei amici *che / e* nel giro di pochi giorni me l'hanno riempito di virus.

6. I medici mettono in guardia i giovani dall'uso eccessivo dei telefonini e li invitano a leggere di più e a fare più attività fisica all'aria aperta.

Unità 20 - Periodo ipotetico (III tipo)

A 1. fosse stato, sarei arrivato / 2. avessi avuto, sarei rimasta / 3. avessi avuto, avrei fatto / 4. fossimo conosciuti, ci saremmo sposati / 5. ci avessero spiegato, avremmo rifiutato

B 1. Se l'avessi offeso, gli avrei chiesto scusa. / 2. Se si fossero comportati bene, li avrei invitati un'altra volta. / 3. Se avesse lavorato sodo, avrebbe fatto carriera. / 4. Se avessero usato le cinture di sicurezza, si sarebbero salvati. / 5. Se gli avessimo telefonato, sarebbe venuto a prenderci. / 6. Se l'avessi riconosciuta, l'avrei salutata.

C 1. … sarei… nato / 2. Sarei stato, si fosse occupata / 3. aveste seguito, avreste evitato / 4. avessimo saputo, avremmo ferito / 5. saresti diventato, avessero insegnato / 6. avesse ricevuto, avrebbe… sposata

D 1. b / 2. d / 3. e / 4. f / 5. a / 6. c

E che sarebbe stata la più bella del mondo / se avesse avuto l'occasione di nascere / Se tu ci fossi stato, adesso sarebbe… / ci saremmo presi per mano e sarebbe stato per sempre / se fossi nato anche tu - se anche tu fossi nato / avrei voluto abbracciarti stretto stretto a me / Chissà come sarebbe andata se tu ci fossi stato

F 1. avesse avvisati, sarebbero stati / 2. avesse dato, avremmo perso / 3. avrebbe scoperto, avesse fatto
1. B Un avviso mancato / 2. A L'invenzione salva relazione / 3. C Pazzo di gioia

Unità 21 - Verbi pronominali ed espressioni idiomatiche

A 1. Cristiano ha deciso di praticare l'alpinismo, speriamo che ce la faccia.
2. A Marianna non gliene importa più nulla di Paolo.
3. Nonostante non avessi studiato tanto, ho superato l'esame e me la sono cavata con un 27.
4. Non ti voglio più vedere. Vattene!
5. Se qualche volta le cose non vanno bene in ufficio, non vale la pena prendersela.
6. Sono sicura che Massimo ce la metterà tutta, per vincere la gara di nuoto.

B
Orizzontale
2. CE LA FACCIA / 5. ME LA SENTIVO / 6. CE LA METTERÀ / 8. CI TENGO / 10. SE NE IMPORTA
Verticale
1. ME NE HA DETTE / 3. CE LA SIAMO PRESA / 4. CE LA SPASSIAMO / 7. ME LA SONO CAVATA / 9. VATTENE

C 2. a / 3. a / 4. c / 5. b / 6. b

D 1. b / 2. e / 3. d / 4. a / 5. f / 6. c
2. Tutti i ragazzi ce l'hanno con Roberto… / 3. Bambini, se ve ne state buoni… / 4. … Ora cerca di spassartela… / 5. … devi fartene una ragione… / 6. … per questa volta l'ho passata liscia.

E se n'è stato buono / l'ha passata liscia / se l'era legata al dito / ce l'hai con me / chi se ne frega

Unità 22 - Discorso diretto e indiretto

A *Discorso indiretto con frase principale al presente*
1 2. Noi andiamo - Loro vanno / 3. mio - suo / 4. nostri - loro / 5. questo - quel / 6. lasciami qui - di lasciarlo lì / 7. Lasciaci - di lasciargli
1.1 *Cosa cambia?*
dice, dicono che / lui, loro / lo, gli / suo, loro / quello / lì, là / di lasciare

2 1. Piera dice che il loro progetto è molto più completo ed economico.
2. Giovanni dice che va a lavorare più tardi, perché deve passare in banca.
3. Pino dice di portargli la macchina a casa, verso le 10:00.

seconda parte

4. Carlo dice che è in ufficio, ma lì non c'è ancora nessuno.
5. Claudia dice che i suoi amici arrivano a casa per le 20:00.

B *Discorso indiretto con frase principale al presente e al passato*

1
1. Dice che mangia ogni giorno al ristorante cinese. / Disse che mangiava ogni giorno al ristorante cinese.
2. Dice che se ha da fare, se ne va subito. / Disse che se aveva da fare, se ne andava subito.
3. Dice che non si potrà dimenticare mai di me. / Disse che non si sarebbe potuto dimenticare mai di me.
4. Dice che vorrebbe guidare la fuoriserie di Marco. / Disse che *voleva-avrebbe voluto* guidare la fuoriserie di Marco.
5. Dice che Gino è andato a casa di Giulia e Marco, ma non c'era nessuno. / Disse che Gino era andato a casa di Giulia e Marco, ma non c'era nessuno.
6. Dicono che sono costretti a lavorare anche il sabato. / Dissero che erano costretti a lavorare anche il sabato.

2
1. Il papà disse che sapeva già che le notizie non arrivavano in tempo. (I)
Discorso diretto:
Il papà disse: "So già che le notizie non arrivano in tempo."
2. I ragazzi risposero: "Nel 2010 studiavamo a Padova". (D)
D. indiretto:
I ragazzi risposero che nel 2010 studiavano a Padova.
3. Igor confessò che era rimasto al verde. (I)
D. diretto:
Igor confessò: "Sono rimasto al verde".
4. Il nonno mi disse che aveva conosciuto la nonna a Ostia Lido. (I)
D. diretto: Il nonno mi disse: "Ho conosciuto la nonna a Ostia Lido".
5. Il paziente mormorò: "Il medico mi aveva consigliato di non bere". (D)
D. indiretto: Il paziente mormorò che il medico gli aveva consigliato di non bere.
6. Paolo le ripetè che aveva fatto per lei tutto quello che voleva. (I)
D. diretto: Paolo le ripetè: "Ho fatto per te tutto quello che volevi".

3 dichiarò che *non era niente di grave e che aveva preso solo un po' di freddo*.
assicurò la madre che *ben presto sarebbe ritornata a scuola, ma bisognava che restasse al caldo per alcuni giorni*.
e le raccomandò di *controllare sempre la temperatura*.
Lei lo ringraziò e gli disse che *era stato molto gentile ad andare da loro a quell'ora*.
Il medico rispose che *per lui era normale*.
Aggiunse che *sarebbe ripassato la mattina dopo*.

4 2. ~~passerà~~ sarebbe passato / 3. ~~sarebbe~~ era successo / 5. che se ~~andassi~~ fossi andato-a / 6. ~~fra~~ dopo due giorni

5 … a che ora fosse andato a letto il giorno prima.
… se si fosse svegliato durante la notte.
… se pensava che un estraneo fosse entrato in casa sua.
… se gli potesse spiegare la causa di quei graffi sul viso.
… se credeva che sua moglie avesse dei nemici.
… perché quando aveva scoperto il corpo senza vita della moglie, non avesse chiamato subito la polizia.
… se avesse qualcosa da nascondere.
… se volesse parlare con il suo avvocato.

Test 3

A 1. avrebbero finito / 2. avremmo continuato / 3. saresti riuscito / 4. vi sareste riposati / 5. lo avrebbe assolto / 6. sarebbe accaduto

B
1. Se foste arrivati due giorni fa, avreste conosciuto i miei ospiti.
2. Ragazzi, se ci fossimo messi d'accordo prima, avremmo evitato quel malinteso.
3. Se non ci fossero state tante evasioni fiscali, non avrebbero aumentato le tasse.
4. Se a Venezia non avessi potuto bere un caffè al Florian, mi sarebbe mancata una tappa fondamentale.

C 1. sarebbe diventato responsabile. / 2. avrei comprato una casa. / 3. non avremmo letto tanti libri. / 4. li avrei potuti incontrare.

D 1. me la caverò / 2. non mi va / 3. se ne sono andati / 4. Ci vorrà / 5. se la prendono

E me la sento / Non ne posso più / ce la metterò / farcela / ci tieni / smettila / se n'è andata / me ne frego

F
1. Gli operai dissero che entro il giorno dopo avrebbero finito tutte le riparazioni dell'appartamento.
2. La signora Vedovelli disse che quando le sue amiche andavano a trovarla, suo marito avrebbe potuto fare a meno di corteggiarle.
3. Il professore chiese alla classe se sapessero / sapevano il nome del primo uomo che aveva messo piede sulla Luna.
4. Il giornalista durante la trasmissione domandò al Ministro se trovasse / trovava giusto che moltissimi paesi non avessero ancora abolito la pena di morte.
5. Il vecchio generale dichiarò che i suoi soldati, passato il primo momento di panico si erano battuti come leoni.
6. L'insegnante chiese agli studenti se avessero/avevano finito il test.

G alloggeranno / le diamo / possono / di dirgli

Unità 23 - Pronomi relativi 2

A 1. S / 2. O / 3. O / 4. S / 5. S / 6. O

B 2. che / 3. da cui / 4. che / 5. di cui / 6. che

chiavi

C 2. al quale / 3. i quali / 4. della quale / 5. dal quale / 6. ai quali

D a cui / per le quali / al quale / da cui / per la quale / in cui

E 1. Il chirurgo in cui avevamo riposto le nostre speranze, ormai non opera più.
2. Ti direi di non frequentarlo; ricordati che chi va con lo zoppo, impara a zoppicare.
3. Andrea ci ha raccontato una storia di cui eravamo già a conoscenza.
4. Non ti lamentare, ma pensa a chi sta peggio di te.
5. La segretaria mi ha dato un numero di telefono che probabilmente era sbagliato.
6. Ho incontrato Fulvio vicino all'edicola in cui sono andata a comprare la settimana enigmistica.

Unità 24 - Forma passiva

A *Forma passiva con il verbo essere*
1 2. Un bel complimento è apprezzato da tutti.
3. Il funzionamento dell'applicazione ci sarà spiegato dal tecnico.
4. I giocatori erano incoraggiati da un pubblico entusiasta.
5. L'inquinamento ambientale sarà eliminato dalle nuove misure?
6. La velocità delle macchine sarebbe controllata dalla polizia su quella strada.

2 1. è stato tradotto / 2. sono stati bloccati / 3. è stata dipinta / 4. sono stati sospesi / 5. era stato chiarito / 6. sarà concesso / 7. sia stato avvertito / 8. sarebbero stati risolti

B *Forma passiva con il verbo venire*
1. Viene organizzato, viene programmato, viene chiamata, veniva chiamato, veniva giocato, viene considerato

C *Il si passivante*
1 1. I / 2. P / 3. P / 4. I / 5. I / 6. P

2 si conosce / si sbuccia / si affetta / si mette / Si fa / si buttano / si bagna / si fa / si mette / si porta / si mescola / si tiene / si aggiungono

D *Forma passiva con i verbi modali potere e dovere*
1 1. Il Duomo di Orvieto non può essere visitato dai turisti, perché a quest'ora è chiuso.
2. Gli antibiotici devono essere presi dal paziente ogni otto ore.
3. Con il nostro sistema, le lingue straniere possono essere imparate da tutti senza fatica.
4. Il codice della strada dovrebbe essere rispettato da ogni automobilista.
5. Una pietra di tale peso poteva essere sollevata solo da un uomo fortissimo.
6. La circolazione delle macchine dovrebbe essere proibita nel centro storico.

2 2. si devono prendere / 3. si possono imparare / 4. si dovrebbe rispettare / 5. si poteva sollevare / 6. si dovrebbe proibire

E *Forma passiva con il verbo andare*
1 deve essere fatto (va fatto) / deve essere presentato (va presentato) / deve essere accompagnato (va accompagnato) / devono essere spiegate (vanno spiegate) / deve essere preparato e controllato (va preparato e controllato) / devono essere offerti (vanno offerti) / devono essere serviti (vanno serviti)

2 1. va spedita / 2. va affrontato / 3. venivano pagati / 4. andava studiata / 5. vennero ritrovati / 6. andava tenuta

F *Forma passiva con diversi verbi*
1 furono scoperte, si realizzavano, vengono esaltate, si impreziosiscono, si ottiene, fu trasformato

2 2. raccolti… danneggiati / 3. turbato… sogni / 4. studiosi… tormentata / 5. moka… inventata / 6. invasa… tedesco

Unità 25 - Concordanza Congiuntivo

A 2a stessero per divorziare
2b stiano per divorziare
3a Marcello non bevesse
3b Marcello non beva
4a Mi dispiace
4b Mi dispiaceva
5a Non riuscivo
5b Non riesco
6a che le dessi
6b che le dia

B 1. a abbia inventato / 2. c dicesse / 3. c ti fosse passata / 4. b presentasse / 5. c si rendesse conto / 6. b se la fosse presa

C 1. dicesse, 2. avesse portato, 3. raccontassero, 4. si fossero messe, 5. stessero, 6. abbia allattato, 7. vedano, 8. avesse cacciati, 9. spiegassero, 10. abbia scritto, 11. sia, 12. sia esistito, 13. si tratti, 14. sappiano, 15. la smettessero

D 1. d / 2. c / 3. e / 4. a / 5. f / 6. b

E 1. c / 2. a / 3. b / 4. d

F 1. Bruno voleva che il figlio si specializzasse in chirurgia plastica.
2. Ultimamente si dice che il governo progetti di aumentare le pensioni.
3. Benché Pietro abbia sempre molto da fare, trova anche il tempo per divertirsi.
4. Avevo l'impressione che Alessandra non fosse tanto soddisfatta del suo matrimonio.
5. Ovunque andasse, il presidente era sempre accompagnato da due guardie del corpo.
6. Magari non avessimo ascoltato i consigli di quell'individuo.

seconda parte

G 2. ~~passasse~~ passi / 3. ~~abbia mentito~~ mentisse / 5. ~~siano~~ fossero

Unità 26 - Gerundio
A *Gerundio presente*
1 1. Rientrando dal mio viaggio in Scozia, ho conosciuto la donna della mia vita.
2. Matteo cucinava, ascoltando il tg radio.
3. Monica, avendo due ore libere, entrò in un museo.
4. Volendo, potresti fare una brillante carriera.

1.2 1. b / 2. a / 3. d / 4. c

2 1. Poiché credeva di essere bella, si dava un sacco di arie.
2. Professore, se il tempo lo permette, domani si va in gita?
3. Se leggi molti libri, arricchirai il tuo vocabolario.
4. Siccome non approviamo le sue idee, questa volta non voteremo per lui.

3 1. Facendo una dieta rigorosa.
2. Scendendo dalla metropolitana.
3. Per esempio guidando.
4. Suonando e cantando nelle trattorie del centro.
5. Leggendo i testi delle canzoni e cantando.
6. Confessando tutto quello che sapeva.

B *Gerundio presente con pronomi*
1 1. f / 2. e / 3. a / 4. d / 5. c / 6. b

2 1. Adattandola / 2. ammalandosi / 3. recandosi / 4. camminando / 5. adattandosi / 6. espandendosi

C *Gerundio passato*
1 1. Avendo preso / 2. avendo speso / 3. Essendo partiti / 4. avendo analizzato / 5. Avendo superato / 6. Essendo arrivata

2 1. Essendo rimasta delusa dal loro comportamento, me ne sono andata senza dire niente.
2. Non avendo mangiato per molte ore, Alessio aveva una fame da lupi.
3. Avendo bevuto l'ennesimo caffè, ripresi a lavorare fino a tarda notte.
4. Pur essendo partiti da Genova, con notevole ritardo, siamo riusciti ad arrivare in tempo per il convegno.
5. Avendo studiato bene la storia passata, potremo capire meglio quella contemporanea.
6. Essendo stata a Napoli diverse volte, conosco la città come le mie tasche.

Test 4
A 1. che, a cui / 2. che, con cui / 3. che, con cui / 4. in cui, che

B 1. ~~che~~ di cui / 3. ~~in cui~~ che abita / 6. ~~del~~ dal quale

C 1. c sono stati ritrovati / 2. a si terrà / 3. a era stato previsto / 4. c vengono distrutti / 5. a è stato dato / 6. b andrebbe tolto

D 1. sono stati impiegati / 2. era stata spedita / 3. era stata inviata / 4. era firmata

E 1. d / 2. b / 3. c / 4. e / 5. a / 6. f

F 1. si sposassero, 2. si sposasse, 3. bevesse, 4. portasse, 5. avesse mandato, 6. fosse morta

G 1. sapendo / 2. avendo saltato / 3. essendo cresciuto / 4. essendoci ricordati / 5. parlandogli / 6. Conoscendola

H 1. sciando / 2. riportando / 3. Essendo stata sottoposta / 4. seguendo

Test finale
A 1. per il / 2. a / 3. allo / 4. su / 5. a / 6. della

B 1. facemmo / 2. si sentì / 3. ha visto / 4. aveva commesso / 5. si avviarono / 6. aveva scritto

C 1. ne / 2. li / 3. me ne / 4. se ne

D 1. abbiate pazienza / 2. Ricordati / 3. vammela a comprare / 4. sbrigati / 5. non perderla / 6. fammelo sapere

E 1. Dott. Fermi, La richiamerò io, non appena mi avranno passato la Sua pratica.
2. Siccome Enzo doveva partire, affidò ai suoi vicini il gattino che aveva trovato per strada.
3. Ti ricordi? Era il periodo in cui tu bevevi tutti i giorni succo di pompelmo, perché avevi letto su un giornale che faceva dimagrire.

F 1. si possano / 2. abbia conosciuto / 3. venisse / 4. fosse / 5. si fosse sposato

G 1. e / 2. a / 3. d / 4. f / 5. b / 6. c

H 1. fosse / 2. conoscesse / 3. avrei svegliata / 4. si sarebbero presi / 5. avrebbero bevuto / 6. avessero capito

I 1 a / 2. b / 3. b / 4. c / 5. c / 6. a

Fonti

Unità 1
A
1. static.riviera.rimini.it/tl_files/gallerie/pop/interno-chiesa-servi.tif
2. www.piscinadibarzano.it/public/pictures/piscina_011.jpg?v=1381571145
3. www.repstatic.it/content/nazionale/img/2013/12/10/121832779-b3984321-e73f-4f39-ad00-50f5bd106551
4. upload.wikimedia.org/wikipedia/commons/thumb/9/9a/Biblioteca-montserrat.jpg/1200px-Biblioteca-montserrat
5. www.saniperscelta.com/wp-content/uploads/viaggio_aereo_-704x400
6. www.blogtaormina.it/wp-content/uploads/2014/03/6-Stazione-di-Taormina-Foto-Jakomin-1000x667
7. hotelpontejelcortina.it/wp-content/uploads/2016/09/ristorante-3232
8. www.ultimenotizieflash.com/wp-content/uploads/2013/06/pulire-i-fornelli-della-cucina

B https://images.app.goo.gl/Hr8qqBV9UscCZMV27
C upload.wikimedia.org/wikipedia/commons/a/a3/Eq_itna_pizza-margherita_sep2005_sml
D https://images.app.goo.gl/Ub9fTmEWe1EwfR7d7
E gerdoo.net/assets/upload/Single/526-1.jpg

Unità 2
D https://www.quimamme.it/attualita/sos-lilt/
E shutterstock.
F shutterstock.

Unità 3
A https://www.foxsportsasia.com/uploads/2019/03/Untitled-design-11.jpg

Meccanico: https://cagliari.bakeca.it/dettaglio/corsi-formazione-professionale/corso-professionale-meccanico-a-wfvw160249162

Bicchiere https://www.attrezzaturabarman.it/it/bicchieri-old-fashioned/1162-policarbonato-33cl-bicchiere-old-fashioned.html

Castagne http://www.riminitoday.it/eventi/montefiore-sagra-della-castagna-14-21-28-ottobre.html

https://jooinn.com/images/cyclist-1.jpg

https://www.donnaglamour.it/wp-content/uploads/2019/04/PX_stazione_milano_centrale-1200x800.jpg

L'aereo http://www.today.it/viaggi/risparmiare-viaggio-aereo.html

Lampada https://www.pamono.it/lampada-da-tavolo-fontana-1853-di-max-ingrand-per-fontana-arte-anni-50

Il panettiere https://images.app.goo.gl/TXrFcoKony6w ojN39

F1 http://nashadacha.info/wp-content/uploads/sites/12/2015/09/ad3b7b.jpg
F3 shutterstock.

Unità 4
B1 www.ristorantelatorredigargonza.it/wp-content/uploads/2014/02/ristorante-monte-san-savino-1-2000x925

www.notizieprovita.it/wp-content/uploads/2013/05/famiglia_Angelo-Bagnasco_vita

www.riparteilfuturo.it/assets/petitions/images/5446176720888

www.cia-gnu.ac.in/wp-content/uploads/2012/12/career

www.campaniaguidedtours.com/discoveringnapoli/images/heders/golfo

www.amalfiyachtingcharter.com/images/slide/escursioni/capri/data2/images/01

B2 shutterstock.
C1 www.seriouseats.com/recipes/assets_c/2016/03/20160210-pasta-alle-vongole-vicky-wasik-019-thumb-1500xauto-430195
C2 https://www.polouninettunocatania.com/offerta-formativa

Unità 5
C Cellulare
https://cronacaqui.it/torino-ruba-un-cellulare-unanziana-bloccato-un-passante/
shutterstock.
D shutterstock.

Unità 6
A4 https://www.google.com/imgres?imgurl=http://faitango.files.wordpress.com/2008/04/piedi-nudi.jpg&imgrefurl=https://blog.libero.it/TRIBUTE/7486102.html&docid=Q6xkL2u5xfaIzM&tbnid=ra0tW-HHxo6m-vM:&vet=1&w=500&h=375&source=sh/x/im
B2 shutterstock.
C1 shutterstock.

Unità 7
A2 https://www.deejay.it/liste/aprire-la-portiera-al-passeggero-e-solo-linizio-le-5-regole-del-galateo-in-automobile/
B1
a. www.ilmartino.it/wp-content/uploads/2015/07/pronto-soccorso-cronaca-ospedale
b. www.buonissimo.org/archive/borg/foto/15627/10.jpg
c. www.occhiodisalerno.it/wp-content/uploads/2015/07/vigili-urbani-1
d. business-idea.com.ua/wp-content/uploads/2016/02/1121752
e. www.irpinianews.it/wp-content/uploads/posto-di-blocco
f. www.paradisu.de/images/faehre-korsika006.jpg

C1 1. shutterstock.

2. shutterstock.
3. www.ok-salute.it/wp-content/uploads/2016/05/allergia-farmaci
4. static.tantasalute.it/r/843X0/www.tantasalute.it/img/si-puo-prendere-il-sole-sotto-antibiotico.jpg
5. viverepiusani.it/wp-content/uploads/2015/02/ira-.jpg
6. www.drinkexpress.it/wp-content/uploads/2016/02/alcolici1.png

Unità 8

A shutterstock.
B2 https://www.cena-con-delitto.it/25-maggio-la-corte-della-risaia-milano/#gallery
B3 shutterstock.
C1 www.luciaarena.com/wp-content/uploads/2016/02/Oroscopo27.jpg
D shutterstock.
E shutterstock.

Unità 9

D shutterstock.
F www.topnegozi.it/blog/wp-content/uploads/2011/01/cornice-digitale-sony.jpg
G shutterstock.

Unità 10

B2 www.hotelulisse.com/wp-content/uploads/2015/06/hotel-ischia-bagagli.png

https://www.panorama.it/societa/life/il-folle-viaggio-in-europa-10-paesi-in-30-giorni/

C2 https://shoes.stylosophy.it/foto/abbinare-le-scarpe-a-un-abito-lungo-in-estate_12693.html
C4 shutterstock.
D shutterstock.

Unità 11

B shutterstock.
E www.voglioviverecosi.com/wp-content/uploads/AustralianFlag.jpg
G i0.wp.com/www.passionemamma.it/wp-content/uploads/2016/12/foto_coppia.jpg?resize=640%2C360.jpg
shutterstock.
H www.latinaquotidiano.it/wp-content/uploads/2016/11/Aperitivo.jpg

Unità 12

D1 a. www.padovanet.it/sites/default/files/images/C_1_Immagini_4485_Immagine.jpg
b. www.ottopagine.it/public/thumb/658x370/7-2017/29/news131653.jpg
c. www.dissapore.com/wp-content/uploads/2016/06/cliente-contrariato-al-ristorante-750x400.jpg
d. www.terzobinario.it/wp-content/uploads/2014/02/settevenepalo.jpg
e. www.finanzaseinversion.es/wp-content/uploads/2014/06/errores-financieros.jpg
f. upload.wikimedia.org/wikipedia/commons/d/d5/Paccheri_di_Gragnano.jpg

D4 shutterstock.

Unità 13

A http://www.umbria24.it/fotogallery/trasimeno-le-fiamme-sulle-colline-tuoro-lalta-colonna-fumo-visibile-fin-perugia
B https://it.freepik.com/foto-gratuito/ragazza-triste-con-delusione_1186700.htm
E2.2 http://www.babycoccole.it/2017/07/21/noia-nei-bambini-uno-danimo-necessario-la-crescita/

Unità 14

D https://www.wired.it/scienza/spazio/2019/07/17/neil-armstrong-sbarco-luna-storia/?refresh_ce=
E https://cloud10.todocoleccion.online/libros/tc/2018/01/19/21/109956580.jpg
F https://www.viagginews.com/2016/10/21/guida-firenze-alla-scoperta-della-capitale-del-rinascimento/

Unità 15

F https://confronto-tablet.com/
H https://it.wikipedia.org/wiki/Ladri_di_biciclette#/media/File:LadriDiBicicletteStaiola1948.jpg

Unità 16

A https://www.dltviaggi.it/it/marocco/casablanca/tour-delle-cittae28099-imperiali-marocco?iframe=true
G https://notiziaoggivercelli.it/attualita/offerte-di-lavoro-a-vercelli/
H https://hthayat.haberturk.com/evlilik/haber/1034935-evlilik-teklifi-yuzugu-nasil-olmali

Unità 17

Tipo II B

https://www.universitapopolaremagnacarta.it/corso-baby-sitter-mantova/

Unità 18

A https://it.wikipedia.org/wiki/Campionato_mondiale_di_calcio_1982#/media/File:Italia82.JPG

fonti

F https://www.nonsprecare.it/benefici-riposo-pomeridiano-aumenta-memoria-creativita

Unità 19

A http://exponetnews.com/2017/11/16/acoustic-guitar-village/

B https://it.wikipedia.org/wiki/Federico_Fellini#/media/File:Fellini_camera.jpg

D http://www.heart-line.it/portfolios/elettrocardiogramma/

F https://casertaweb.com/notizie/vita-social-alla-reggia-caserta-liniziativa-della-polizia-cyberbullismo/

G https://it.wikipedia.org/wiki/Divina_Commedia#/media/File:Dante_Domenico_di_Michelino_Duomo_Florence.jpg

H https://www.wired.it/play/cultura/2016/09/14/lingue-significato-suoni/

I https://pixabay.com/it/photos/nozze-sposa-spos%C3%B2-cerimonia-1183271/

Unità 20

F https://pixabay.com/it/vectors/archimede-storia-antico-1275888/

Unità 22

A2 https://www.soluzionecomputer.it/2019/05/09/bloccare-chat-in-alto-whatsapp/

C https://www.ecodibergamo.it/planner/dettaglio/assemblea-cittadina-dal-medico-curante-allente-gestore_1103204_832/

Unità 23

B https://www.altroconsumo.it/casa-energia/materassi/speciali/materassi-guida-alla-scelta-e-all-acquisto

E https://pixabay.com/it/photos/giornale-notizie-media-occhiali-412452/

https://pixabay.com/it/photos/errore-correzione-sbagliato-oops-968334/

Unità 24

Forma passiva con il verbo essere A

https://www.leitv.it/casa/condizionatore-5-consigli-su-come-usarlo-al-meglio-per-risparmiare/

Il si passivante B

https://cucina.fanpage.it/risotto-allo-zafferano/

https://img.freepik.com/free-photo/chef-prepares-italian-risotto-shrimp-white-wine-rice-onions-thyme-garlic_89816-1316.jpg?size=626&ext=jpg

Unità 25

B https://www.ilsole24ore.com/art/sardegna-vacanza-isole-isola-un-break-anche-gourmet-ACz92RD

C https://speechfoodie.com/kids-ask-com/

G https://pixabay.com/it/photos/denaro-scheda-affari-256314/

Unità 26

Gerundio presente

A2 https://www.ilsole24ore.com/art/nei-ballottaggi-test-elettori-m5s-AEuLeQBF

Gerundio presente con i pronomi A1

shutterstock.

A2 https://www.lifegate.it/persone/stile-di-vita/the-shoe-that-grows- scarpe-regolabili

C Gerundio passato 1

http://www.ansa.it/canale_lifestyle/notizie/teen/2018/12/29/inventa-storie-le-carte-educative-per-stimolare-lintelligenza-emotiva_25474cc6-5749-4dfa-8f40-af7bec966f9e.html

2 http://www.trevisotoday.it/blog/treviso-napoli-pizza-errico-porzio-luglio-2017.html